Autoren

Jack Canfield zählt zu den führenden Persönlichkeitstrainern der USA und entwickelt u. a. Konzepte zum Aufbau des Selbstvertrauens. Seine beliebten »Hühnersuppe für die Seele«-Bände werden in 47 Ländern von Millionen begeisterter Menschen jeden Alters gelesen.

Jack Canfield
mit William Gladstone

Die Goldene Motorrad-Gang

Unterwegs zum kosmischen Bewusstsein

Aus dem Amerikanischen
von Gabriel Stein

Ullstein

Besuchen Sie uns im Internet:
www.ullstein-taschenbuch.de

Allegria im Ullstein Taschenbuch
Herausgegeben von Michael Görden

Aus dem Amerikanischen übersetzt von Gabriel Stein
Titel der Originalausgabe:
THE GOLDEN MOTORCYCLE GANG
Erschienen 2011 bei Hay House, Inc., Carlsbad, USA

Ullstein Taschenbuch ist ein Verlag der
Ullstein Buchverlage GmbH
Deutsche Erstausgabe im Ullstein Taschenbuch
1. Auflage April 2012
© der deutschsprachigen Ausgabe 2012 by
Ullstein Buchverlage GmbH, Berlin
© der Originalausgabe 2011
by Jack Canfield and William Gladstone
Lektorat: Marita Böhm
Umschlaggestaltung: FranklDesign, München
Titelabbildung: Hay House, Inc.
Gesetzt aus der Cheltenham
Satz: Keller & Keller GbR
Papier: Pamo Super von
Arctic Paper Mochenwangen GmbH
Druck und Bindearbeiten:
GGP Media GmbH, Pößneck
Printed in Germany
ISBN 978-3-548-74571-8

Inhalt

Vorwort

An einem herrlichen Tag des Jahres 2011 trafen sich in Santa Barbara, Kalifornien, drei Evolutionsdenker unserer Zeit im Boathouse Restaurant. Nach einer Diskussion kosmischen Ausmaßes begannen sie mit der Planung einer Geburtstagsfeier: *Ihre Geburtstagsfeier und meine und die der ganzen Menschheit!* Die Einladung könnte folgendermaßen lauten:

Sie sind herzlich eingeladen,
die Geburt der gesamten Menschheit zu feiern.
Schließen Sie sich uns an,
um für alle Wesen auf der Erde
eine lebensbejahende Zukunft zu schaffen.

Datum: 22. Dezember 2012
Beginn: 21. Dezember 2012, um Mitternacht
Ort: überall auf dem Planeten

Bringen Sie so viele Gäste mit,
wie Sie wünschen!

Vision ohne Aktion ist ein Hirngespinst.
Aktion ohne Vision ist Chaos.
Die Goldene, Silberne und Diamantene Motorrad-Gang sowie der Transformational Leadership Council

sind die Repräsentanten dieser »visionären Aktion«. Sie geben inspirierte und zugleich praxisbezogene Antworten auf jene Fragen, die sowohl an unserem Bewusstsein als auch an unserem Gewissen zerren: Wird die Menschheit ihr höchstes evolutionäres Potenzial verwirklichen und den darin verborgenen Sinn zum Vorschein bringen? Und gibt es genügend Personen, die bereit sind, Initiatoren des Wandels zu werden und die evolutionäre Agenda für den Planeten zu beschleunigen?

Jeden Tag stehen uns 86 400 Sekunden zur Verfügung, in denen wir die Gelegenheit haben, zu unserem individuellen und kollektiven Erwachen beizutragen. Wer auf Google den Ausdruck *collective consciousness* (kollektives Bewusstsein) eingibt, bekommt etwa 5 Millionen Ergebnisse – mit Hinweisen auf solche Begriffe wie *collective mind* (kollektiver Geist), *co-creative society* (mitschöpferische Gesellschaft), *collective resonance* (kollektive Resonanz) oder *group mind* (Gruppengeist). Diese Ergebnisse zeigen, dass eine gemeinsame Vision immer größeren Zuspruch findet und immer mehr gleichgesinnte Menschen in ihren Bannkreis zieht. Sobald sie alle in diesem einheitlichen Bewusstseinsfeld versammelt sind, eröffnen sich jenseits der Vorstellungskraft des Einzelnen unzählige Möglichkeiten, die der Macht des Ganzen Vorschub leisten.

Der große hinduistische Philosoph Sri Aurobindo erkannte die überwältigende Macht des kollektiven Bewusstseins und dessen Einfluss auf den evolutionären Prozess, als er schrieb: »Alle werden durch die Entwicklung des Wahrheitsbewusstseins im Innern vereinigt; dank der veränderten Seinsweise, die jenes Bewusstsein in ihnen bewirkt, werden sie sich als Verkörperung eines einzigen Selbst fühlen, als Seelen einer einzigen Wirklichkeit; inspiriert und motiviert durch eine fundamentale Einheit des Wissens, angetrieben von einem fundamental einheitlichen Willen und Gefühl.«

Mögen all diejenigen, die Jacks und Bills *Die Goldene Motorrad-Gang* lesen, voller Zuversicht sein hinsichtlich ihrer ureigenen Fähigkeit, den globalen Wandel herbeizuführen. Möge ein jeder von ihnen – ob durch Workshops, durch Organisationen, wie sie im Anhang genannt werden, oder durch irgendeine andere Gruppe, die sich der Feier unserer kollektiven Identität und Bestimmung widmet – mit einem lautstarken »Ja« auf die Einladung antworten.

Die Goldene Motorrad-Gang ist nicht nur ein gut lesbares Buch, sondern auch eine Geschichte voll tiefgründiger Einsichten in den Beginn eines neuen Zeitalters auf unserem Planeten. Schnappen Sie sich also die Schlüssel zum Bewusstsein, setzen Sie Ihren Helm der Weisheit auf und bereiten Sie sich darauf vor, in die Winde der planetarischen Transformation aufzubrechen.

Michael Bernard Beckwith
Los Angeles, Kalifornien

Einleitung

Ich bin nur ein Bleistift in Gottes Hand.
Mutter Teresa

Die Goldene Motorrad-Gang ist ein einzigartiges Buch. Obwohl es als fiktiver Bericht über das Leben Jack Canfields geschrieben wurde, haben wir meistens die Namen lebender Personen und tatsächliche Ereignisse aus Jacks Leben verwendet. Bezüglich der Zeit und anderer Elemente haben wir uns die nötige Freiheit genommen, um einen zusammenhängenden Handlungsablauf herzustellen. Wir haben Dialoge ersonnen, die manchmal gar nicht stattfanden, die aber den wesentlichen Inhalt besonderer Augenblicke und Beziehungen in Jacks Leben erfassen. Oft schon wurde behauptet, die Wahrheit sei merkwürdiger als die Fiktion. Im Falle der *Goldenen Motorrad-Gang* werden Sie hoffentlich die Entdeckung machen, dass die Wahrheit häufig in die Fiktion mit eingeschlossen ist.

Wir, die Autoren, sind hocherfreut, dass Sie beschlossen haben, dieses Buch zu lesen. Wir vertreten die Überzeugung, dass die Welt einen *Tipping-Point*, einen Umkipppunkt, erreicht hat und dass nun wirklich jeder von uns in Erscheinung treten und Farbe bekennen muss. Wir hegen die Zuversicht, dass Krieg, Habgier, Korruption, Erderwärmung, Naturkatastrophen und zahlreiche weitere Übel nicht in der Weise das Schicksal der Menschheit besiegeln, wie es in den meisten großen Religionen und Kulturen prophezeit wurde, sondern dass wir tatsächlich dazu bestimmt sind, während des 21. Jahrhunderts in einer besseren Welt zu leben. Diese bessere Welt erfordert natürlich eine Sicherung der materiellen Lebensgrundlagen – sauberes Wasser, gesunde Nahrung, angemessene Unterkunft, darüber hinaus eine gute Erziehung und Ausbildung sowie geeignete Bedingungen, um die schöpferischen Kräfte zu entfalten.

Doch um derlei Ziele zu erreichen, müssen wir zugleich jene geistigen Werte thematisieren, die das Fundament jeder bedeutenden Zivilisation und gewiss auch einer künftigen planetarischen Zivilisation bilden, in der alle Menschen miteinander verbunden sind. Bei diesem faszinierenden Unternehmen darf kein Individuum zurückgelassen oder ausgegrenzt werden. Jeder Mensch ist Teil *eines* Bewusstseins und *einer* Welt.

Stellen Sie sich vor, eine einzelne Zelle im Körper zu sein. Ist diese Zelle wichtiger als irgendeine andere, damit er seine Funktionen erfüllen kann? Man denkt vielleicht, eine Hirn- oder Herzzelle sei von größerem Wert, aber wenn viele der Leber- oder Lungenzellen ausfallen, gerät der ganze Körper aus dem Gleichgewicht. In 1. Korinther 12,12-14 steht geschrieben:

Denn gleichwie ein Leib ist und hat doch viele Glieder, alle Glieder aber des Leibes, wiewohl ihrer viele sind, doch ein Leib sind: so auch Christus. Denn wir sind durch einen Geist alle zu einem Leibe getauft, wir seien Juden oder Griechen, Unfreie oder Freie, und

12

sind alle mit einem Geist getränkt. Denn auch der Leib ist nicht ein Glied, sondern viele.

Diese Worte bringen die ewige Wahrheit zum Ausdruck, die in allen echten religiösen und spirituellen Lehren eine zentrale Stelle einnimmt. Jeder Einzelne hat eine Rolle auszuüben, das heißt, auf der höchsten geistigen Ebene müssen wir wie Zellen in dem einen Körper harmonisch zusammenwirken, denn eigentlich sind wir alle eins. Unsere ungewöhnliche Einladung soll Sie nicht nur an diese ewige Wahrheit erinnern, sondern Ihre Aufmerksamkeit auch darauf lenken, dass die Zeit knapp wird. Deshalb haben wir die Einsichten unserer visionären Freundin Barbara Marx Hubbard in die von ihr so bezeichnete *Conscious Evolution* (Bewusste Evolution) umso mehr schätzen gelernt.

Damit ist ganz einfach eine »Evolution durch Wahl, nicht durch Zufall« gemeint. Als hoch entwickelte, vernunftbegabte Wesen sind wir zum ersten Mal in der Lage, den Lauf der Evolution zu beeinflussen. Wenn wir eine kluge Wahl treffen, können wir gemeinsam das erschaffen, was für viele der »Himmel auf Erden« sein mag. Andernfalls beschwören wir aller Wahrscheinlichkeit nach jene Art von Katastrophen herauf, die die Evolution auf dem Planeten Erde um Jahrtausende zurückwerfen werden. Astrophysiker beschreiben das Universum als einheitliches Ganzes, wie man es zuvor noch nie erkannt hat. Demnach steuert die kosmische Evolution in bestimmter Richtung auf ein Ziel zu, wobei der schöpferische Prozess zuinnerst darauf angelegt ist, sich selbst zu organisieren, immer komplexere Strukturen und Muster der Schönheit hervorzubringen.

Wir können die Richtigkeit dieser Aussagen zwar nicht bestätigen, wissen aber aus eigener Erfahrung, dass der Beitrag zum Wohl und Nutzen der anderen vielleicht die größte Belohnung darstellt, die ein Mensch während seiner leiblichen Existenz erhalten kann.

Mit der Metapher *Die Goldene Motorrad-Gang* möchten wir Sie auf Ihre höchste Bestimmung aufmerksam machen, zumal im Hinblick auf die Gemeinschaft. Zusammen sind wir stark genug, um die nötigen Veränderungen herbeizuführen. Zu diesem Zweck haben wir im Anhang eine Reihe von Organisationen aufgelistet, in denen Sie sich engagieren und zur »Gang« dazustoßen können.

Es werden Organisationen und Personen genannt, die für eine positive Transformation auf der Erde eintreten. Es erschien uns wichtig, Kontaktadressen, genaue Informationen und in manchen Fällen auch kurze Beschreibungen beizufügen, denn dieses Buch soll Sie nicht nur unterhalten, sondern zugleich anregen, konkrete Maßnahmen zu ergreifen, die Ihr Leben und das der anderen verbessern. Das zweite Jahrzehnt des 21. Jahrhunderts wird für unseren Planeten vermutlich entscheidend sein. Wir ermuntern Sie, über das Wunder zu staunen, dass Sie in dieser Zeitspanne leben und die Fähigkeit besitzen, das Schicksal der künftigen Generationen günstig zu beeinflussen.

In diesem Buch werden Sie viel über Jack Canfields Leben erfahren. Wir beleuchten seine Biografie deshalb, weil er in unseren Augen beispielhaft verkörpert, was wohl auf jeden Menschen zutrifft – nämlich dass wir ein göttliches Ziel haben und mit der besonderen Aufgabe geboren werden, dieses Ziel zu erreichen. In jüngeren Jahren wusste Jack nicht, worin seine Aufgabe bestehen sollte. Auf die eine oder andere Weise lernt er auch heute noch einige ihrer Aspekte kennen. Es waren die jeweiligen Umstände, oft scheinbar unwichtige »Zufälle« – etwa in einer bestimmten Straße zu wohnen oder einer bestimmten Person zu begegnen –, die Jack immer wieder mit seinem Schicksal in Berührung brachten. Wir glauben, dass dies auch für Sie und alle anderen gilt.

Die wissenschaftliche Forschung hat gerade erst begonnen, näher zu untersuchen, was früher als »Zufall« oder »Fügung« bezeichnet wurde. Dabei stellt sich heraus, dass die sogenannte Synchronizität oft Teil eines größeren Lebensplanes ist, der sich wiederum in einen umfassenden Rahmen einfügt und zumindest potenziell dem von der Evolution verfolgten Zweck dient. Auf diesem neuen Gebiet gehört Dr. Gary Schwartz von der University of Arizona zu den führenden Forschern. Seine Untersuchungen zeigen, dass Menschen wiederholt Zeichen empfangen, was sie tun und mit wem sie in Verbindung treten sollen. Leider werden diese Zeichen häufig nicht beachtet, weshalb das Gefühl für Lebenssinn und Erfüllung oft ungestillt bleibt.

Bei der Niederschrift dieses Textes war es uns auch ein Anliegen, Ihnen zu zeigen, wie der Prozess der Synchronizität im speziellen Fall von Jack Canfield wirksam wird. Bill Gladstone hat einen Roman, *The Twelve* (Die Zwölf), verfasst, in dem er – ausgehend von persönlichen Erfahrungen – die Rolle der Synchronizität in seinem eigenen Leben untersucht und sich der Frage widmet, inwiefern es mit den Prophezeiungen über das Ende des Maya-Kalenders am 21. Dezember 2012 zusammenhängt. Sowohl Jack als auch Bill haben keinen Zweifel daran, dass das vorliegende Buch aufgrund von Synchronizitäten entstanden ist, die den Zweck ihres Daseins bestimmen. Barbara Marx Hubbard hat diese verborgene Macht bei den kleinen und großen Ereignissen ihres Lebens ebenfalls gefühlt und nicht zuletzt dadurch die beiden Autoren stark beeinflusst.

Unsere Zeit ist eine ganz besondere, weil sie eine Wende verheißt, und so hegen wir die Hoffnung, dass Sie den vielsagenden Zeichen und entscheidenden Augenblicken Beachtung schenken, wie Jack, Bill und Barbara es getan haben, um den tiefen Sinn ihres Lebens zu entdecken. Es ist genau die Phase, in der auf dem Planeten Erde ein charakteristisches Muster Gestalt annimmt. Sie sind Teil dieses Musters. Mögen Sie durch scheinbar unwichtige Details und Koinzidenzen Ihre ureigene Rolle in der Evolution des Universums erkennen und ausüben.

Lehnen Sie sich jetzt zurück und genießen Sie die Geschichte der Goldenen Motorrad-Gang.

Vorspiel

22. NOVEMBER 1943

*Der Meister vermittelte seine Lehre in Gleichnissen und
Geschichten, denen seine Schüler mit Freude lauschten –
und manchmal auch mit Unwillen, denn sie sehnten sich
nach etwas Tieferem. Der Meister aber blieb ungerührt.
Auf all ihre Einwände erwiderte er, sie müssten erst einmal verstehen, dass eine »Geschichte« den kürzesten
Weg zwischen dem Menschen und der Wahrheit darstellt.*

Anthony de Mello

An einem kalten Warschauer Morgen erwachte Emilie
voller Aufregung, denn heute war ihr sechster Geburtstag. Ihre Eltern hatten sie immer wieder davor gewarnt,
allein auf die Straße zu gehen, aber von dort drang aus
regem Treiben ein so ohrenbetäubender Lärm zu ihr,
dass sie der alten Steinmauer vor dem Haus nicht länger fernbleiben konnte.

Vorsichtig öffnete Emilie die Eingangstür einen Spalt-
breit; bevor diese quietschte, war sie schon hindurch-
geschlüpft und schritt auf leisen Sohlen Richtung
Mauer. Feierten auch andere Leute ihren Geburtstag?
Bald erreichte sie die Mauer, über die sie ihre älteren
Brüder hatte klettern sehen, und hob die Augen über
den Rand.

Emilie sah Lastwagen, in denen Soldaten saßen, steif und aufrecht wie Spielfiguren aus Holz, und weitere Soldaten, die daneben marschierten. Und Menschen, so viele Menschen, die den Soldaten folgten, dann noch mehr Lastwagen mit Soldaten dahinter. Wer unter den Zivilisten aus der Reihe trat oder stolperte, wurde von den Soldaten angebrüllt, manch einer sogar mit dem Gewehrkolben geschlagen. Die Menschen waren völlig verschmutzt und tieftraurig. Viele von ihnen, selbst die Männer, weinten. *Was für schlimme Dinge haben sie denn getan?*, fragte sich das Mädchen.

»Emilie, komm sofort da runter!«, rief ihre Mutter mit ruhiger, zugleich aber verärgerter Stimme, als sie aus der Tür stürzte und hastig zur Mauer lief, um ihre Tochter an sich zu reißen.

* * *

In Japan weinte der neunjährige Hiro, als sein Vater Emoto ihn ein letztes Mal umarmte. »Du weißt, ich muss los in den Krieg. Möglicherweise werde ich dich lange Zeit nicht sehen. Du musst tapfer sein. Du bist jetzt der Mann im Haus.«

In der Stille des frühen Abends hatte Hiro aus dem elterlichen Schlafzimmer die Geräusche von Reißver-schlüssen und Schnallen gehört, die geschlossen wur-den und jedes Mal den Abschied seines Vaters ankün-digten, doch diesmal war es anders.

Dessen schmallippiger Mund, die Art und Weise, wie er Hiros Kopf während der Umarmung fester hielt als sonst, und die Papiere, die der Junge auf dem Tisch ge-sehen hatte – Befehle, unverzüglich aufzubrechen und

18

sich der Kaiserlichen Japanischen Armee anzuschließen –, gaben ihm zu verstehen, dass diesmal *alles* anders war.

* * *

In London fühlte der achtjährige Paul eine tiefe Müdig-
keit, die ihn offenbar stets begleitete. Fast zwei Jahre
waren seit den letzten deutschen Bombenangriffen auf
die Hauptstadt vergangen, aber der Schrecken hatte
länger vorgehalten als die überhastete Flucht in die
Schutzräume, das Donnern der Geschütze, die rauch-
geschwärzte Luft, länger sogar als die Schreie und das
Weinen. Nie, nicht einmal für einen Abend war es ihm
gelungen, das Geräusch des Fliegeralarms aus dem
Kopf zu bekommen. Er hörte ihn in Träumen, in Alb-
träumen und selbst dann, wenn er nachts wach lag.
Jede Sirene eines vorbeifahrenden Krankenwagens erinnerte ihn an die dunkle Zeit in der Hölle.

Pauls Eltern hatten versucht, ihn zu trösten, und ihr
Bestes getan, ihm das Gefühl von Sicherheit zu geben,
aber er konnte jenes Geräusch ebenso wenig vergessen wie den Anblick nach dem letzten Verlassen des
Schutzraumes vor zwei Jahren. Sein Zuhause und das
seiner Nachbarn war den von Bomben entfachten Feu-
ern zum Opfer gefallen. Alles, was er in der Welt kannte
– seine Spielzeuge, Bücher, bevorzugten Schuhe –, war
zerstört.

Am schlimmsten war für Paul jedoch der Verlust seines geliebten Kätzchens Penelope. Die Familie hatte
vor Verlassen des Hauses keine Zeit mehr gehabt, nach
ihm zu suchen, denn es war wie vom Erdboden ver-
schluckt.

Nach der Bombardierung konnte Paul nicht durch die Straßen gehen ohne den Gedanken, Penelope hinter dieser Tür kauern oder am Vorhang jenes Fensters sich zusammenrollen zu sehen. Er konnte nicht akzeptieren, dass sie tot war.

REISE DURCH DAS UNIVERSUM

Der Sinn des Lebens ist ein Leben mit Sinn.
Robert Byrne

Oh, welch wunderbare Wesen sie waren! Auf ihren großartigen goldenen Motorrädern flogen sie durchs Universum, den kosmischen Wind im Haar, suchten die Orte ihrer Wahl auf, reisten mit Lichtgeschwindigkeit, manchmal sogar noch schneller. Ihre Körper waren feinstofflich, aber scharf umrissen, und sie genossen die zeitlose Jugend, die ihrer Spezies zuteilgeworden war. Nur einige Tausend Jahre alt, galten sie als Halbwüchsige, während die Ältesten ihres Planeten über mehrere Zehntausend Jahre Erfahrung verfügten, komplexe Strukturen und moralische Probleme zu behandeln, die aus dem Leben in ihrer Welt resultierten.

Die Wesen reisten durch den herrlichen, endlosen Tag, jenen zahlreichen Tagen ähnlich, die sie als Studenten an der Academy of Enlightenment (Akademie der Erleuchtung) zusammen verbracht hatten. Damals näherten sie sich schnell dem Zeitpunkt, da sie ihren Abschluss machen und mit der Aufgabe betraut würden, das Gleichgewicht und die Beständigkeit des Universums für künftige Zeitalter zu gewährleisten – genauso wie es die Ältesten vor ihnen getan hatten. Doch an diesem Tag wollten sie einfach die sorglose Begeisterung auskosten, jung und frei zu sein.

Dutzende von ihnen fuhren nebeneinander und teilten sich ihre unbändige Freude durch Gedanken mit, denn sie kommunizierten nur über Gedanken. Diese formten Worte, die sofort verstanden wurden; die Kommunikation war unmittelbar, schneller, als sie mittels gesprochener Sprache je sein könnte, und unendlich viel klarer.

Der Tag war vollkommen und die Gruppe in Hochstimmung. Plötzlich erspähte Jack einen kleinen bläulichen Planeten zu seiner Rechten. Der Globus lag etwa 80 000 Kilometer tiefer, aber er konnte ihn deutlich sehen. *Hey, schaut mal da runter. Dieser Planet scheint in Schwierigkeiten zu sein. Ich kann die Energie fühlen, die von seiner Oberfläche ausgeht; er ist voller Aufruhr, Trauer, Wut, ja Hass. Ich hab ihn schon mal gesehen, hab seine Menschen gespürt, ihre Entwicklungsprozesse, ihre Existenzkämpfe. Obwohl von dieser Welt immer einige Misstöne kamen, hab ich doch nie einen solchen Kummer empfunden wie heute.* Das war Jacks unmittelbarer Gedanke an seine fahrenden Freunde, die sich gern *Die Goldene Motorrad-Gang* nannten.

Auf dieser magischen Tour durch das Universum hatten Jack und seine Gefährten mühelos die negative Energie des Planeten Erde wahrgenommen. Das Leiden, das die funkelnde blaue Kugel ausstrahlte, war unverkennbar. Auf der Erde schrieb man das Jahr 1943, und an vielen Orten herrschten Konflikt und Gewalt. Die Kämpfe erstreckten sich fast über den ganzen mittleren Streifen, von einem Ozean zum nächsten.

Der Planet war in sogenannte »Nationen« unterteilt, manchmal aufgrund ihrer geografischen Lage, oft aber infolge menschlicher Willkür. Etliche der größten und militärisch stärksten Nationen konzentrierten sich ausschließlich auf den Krieg. Nahezu jeder Mensch dachte an ihn und daran, ob die eigene Nation fortbestehen würde, falls die Gefechte je endeten, ob ihre Lieben überleben und von den überall in der Welt verstreuten Schlachtfeldern heimkehren würden. Jack sah sich um und stellte fest, dass er – vielleicht zum ersten Mal in seinem Dasein – keine Erklärung für die negative Energie jenes Planeten hatte. Was war dieser »Krieg«, wie die Menschen ihn nannten? Was musste im Leben eines Menschen geschehen, damit er die Überzeugung vertrat, es sei richtig und gut, Millionen von seinesgleichen zu vernichten?

Jack kam zu dem Schluss, dass er so schnell und so viel wie möglich über dieses Phänomen Krieg erfahren sollte, denn in den fernen Regionen des Universums, wo er gelebt hatte, gab es keinen Krieg. Obwohl ihm der Impuls zu hassen und zu töten fremd war, wusste er, dass er dem Planeten Erde nur dann helfen konnte, wenn er sich mit dem Krieg und der Entscheidung, andere auszulöschen, näher befasste.

Ja, was für eine Tragödie, dachte sein enger Freund Michael zurück. *So ein herrlicher blauer Planet, voller Leben, Schöpferkraft und Freude, ungeachtet der deutlichen Tumoren, die ihn jetzt heimzusuchen scheinen.*

Tumoren? Ich habe diese Übel nie für Tumoren gehalten; meiner Meinung nach braucht der Planet Hilfe, erwiderte Jack auf der gedanklichen Ebene. *Wir sollten etwas tun. Durch die jahrzehntelange Ausbildung an der*

Academy of Enlightenment sind wir darauf vorbereitet, unsere Aufgabe als Meister der Harmonie zu erfüllen. Schauen wir doch mal bei diesem Planeten vorbei und finden heraus, wie wir helfen können.

Mark, ein weiteres Mitglied der Gang, betrachtete ihn ungläubig. *Jack, das ist der erste Tag unserer Sonnenwendferien. Wir haben eine große Reise vor uns. Wir können überallhin fahren, ohne Verpflichtungen, ohne festes Programm ... einfach nur die Vielfalt des Universums und die Gemeinschaft wunderbarer Freunde erleben. Kannst du dir vorstellen, wie lange es dauert, diesen kleinen blauen Planeten wieder in die Reihe zu bringen? Dafür brauchen wir vielleicht eine Zeitspanne, die mehrere menschliche Generationen umfasst, und das würde unseren Überschwang sicherlich dämpfen.*

Mag sein, entgegnete Jack, *aber schau sie dir doch an. Diese Erdbewohner richten sich allmählich zugrunde. Sie stecken in echten Schwierigkeiten. Wäre doch fabelhaft, auf ihrem Planeten das Gleichgewicht wiederherzustellen. Ich bin auf gleicher Wellenlänge mit ihm, das ist wirklich ein besonderer Ort, zahlreiche Spezies und eine ungeheure Variationsbreite, was Geografie, Klima und kreative Ideen betrifft. Dort könnten die Leute voller Frohsinn sein. Die größte Ironie liegt darin, dass gerade diese atemberaubende Fülle und Mannigfaltigkeit sie in widerstreitende Gruppen teilt und ihren Fortbestand bedroht. Das Besondere an ihnen ist zugleich das, was ihre Auslöschung heraufbeschwört. Sie nennen ihren Planeten »Erde«. Hochintelligentes Leben gibt es dort erst seit zehn- oder zwanzigtausend Jahren. Dieser Planet ist gar nicht so viel älter als wir. Wir sollten uns ein wenig Zeit nehmen, um herauszufinden, ob wir die Katastrophen*

verhindern können, die wir auf sie zukommen sehen.
Das wäre sicherlich ein Abenteuer, und wenn wir dann
die Erde heilen und zur Akademie zurückkehren, wer-
den wir dafür bestimmt alle Arten von zusätzlicher Aner-
kennung bekommen.

Jack hatte dieses allzu optimistische Ziel hinzuge-
fügt in der Gewissheit, dass es seinen Gefährten gefallen würde.

Nun, da du die Dinge so darstellst, kann ich dich nicht
allein losziehen lassen, schoss Mark gedanklich zurück. *Wenn du tatsächlich entschlossen bist, dorthin zu*
reisen, werden wir alle dich wohl begleiten müssen.

Absolut, beamte Michael, dann Janet, Steve, Bob,
Martin, Marcia, und auch die anderen Mitglieder der
Goldenen Motorrad-Gang übermittelten stillschwei-
gend ihre Zustimmung. Auftrag angenommen!

In Windeseile, die ihnen nicht länger als ein Wimpern-
schlag erschien, hatte jeder von ihnen eine neue Gestalt angenommen – nämlich die eines auf der Erde ge-
borenen »Menschen«.

Vielleicht wussten sie es, ohne sich daran erinnern
zu wollen, oder hatten damals an der Akademie, als
ihnen diese Lektion beigebracht wurde, von künftigen
Abenteuern geträumt, jedenfalls war ein entscheidender
Aspekt ihres Auftrags, für Ausgleich und Versöhnung
einzutreten, nicht erwähnt worden: In menschlichen
Körpern würden sie vergessen, dass sie kosmische
Wesen mit unbegrenzter Lebensdauer waren.

Ehe ihnen zu Bewusstsein käme, wer sie eigentlich
waren und warum sie beschlossen hatten, eine irdi-

sche Existenz zu führen, würden viele Jahre vergehen, in denen sie erst einmal wachsen und sich weiterentwickeln mussten.

Damit beginnt die Geschichte der Goldenen Motorrad-Gang und ihrer Abenteuer auf dem Planeten Erde.

2

WER IST JACK?

Eine Reise über tausend Kilometer
beginnt mit einem Schritt.

Laotse

»Es ist ein Junge!«

Die Worte des Arztes und ein unerwarteter Schmerz in dem festen kleinen Körper, darin er nun lebte, waren die letzten Ereignisse, an die Jack sich erinnerte, ehe ein neues menschliches Bewusstsein sein Wesen in Besitz nahm. Jack kam als sehr menschlicher Sohn einer einundzwanzigjährigen amerikanischen Schönheit namens Ellen Canfield in Fort Worth, Texas, zur Welt. Verschwunden die Einsicht, warum und wie er Mensch geworden war. Jack vergaß, wer er war und weshalb er entschieden hatte, als Mensch geboren zu werden.

Und er *wurde* ... Mensch.

Bud Canfield, erster Leutnant bei der United States Air Force, nach Jacks Geburt vier Tage auf Urlaub, begrüßte seinen Säugling mit einem herzzerreißenden Jauchzer, einer Umarmung vom Kopf bis zu den Zehen und einem stabilen Holzmodell der Lockheed P-38 Lightning, die er während der langen Busfahrt von seinem Stützpunkt nach Fort Worth sorgsam zusammengebaut hatte. Bud war erst vierundzwanzig Jahre alt, aber stolzer auf seinen Sohn, als er es sich je hätte vorstellen können, und noch aufgeregter darüber, dass sein erstes Kind ein Junge war. In seiner Arbeiterfamilie hatte der Militärdienst eine lange Tradition, und obwohl er wusste, dass dieses Neugeborene noch nicht mit einem Modellflugzeug spielen würde, sollte es in Jacks Hand sein für den Fall, dass er von einem künftigen Auslandseinsatz nicht zurückkehrte.

Für Bud war die Verteidigung des Vaterlandes die höchste Berufung überhaupt; sein Sohn sollte diese Tradition achten und durch das Modellflugzeug ein ganzes Leben lang an die Ehre erinnert werden, seinem Land zu dienen, auch wenn der Vater nicht da sein konnte, um ihm das beizubringen.

Dank seiner fliegerischen Glanzleistungen war Bud berechtigt, andere B-17-Bomberpiloten auszubilden, und so wurde er mehrfach an verschiedene Militärstützpunkte überall in den Vereinigten Staaten versetzt. Seine Fachkenntnis war äußerst gefragt, denn die US Air Force spielte bei Amerikas Kriegseinsatz eine immer wichtigere Rolle.

Bud leistete zwar einen entscheidenden Beitrag, aber die räumliche Trennung von Ellen und seinem Sohn machte ihm zu schaffen. Also sorgte er dafür, dass ihn seine Familie an jeden neuen Standort begleitete. Innerhalb von nur zwei Jahren lebten sie in Omaha, Minneapolis und mehreren anderen Bundesstaaten.

Nach dem Sieg der USA und ihrer Alliierten wurde Bud die Gelegenheit geboten, seine Gaben als Mentor und Lehrer zu nutzen und Ersatzteile für Autos in

Wheeling, West Virginia, zu verkaufen. Die Stelle war weitaus besser bezahlt als die beim Militär, außerdem wohnte dort Ellens Familie. Wheeling mit seinen 35 000 Einwohnern und der herrlichen Natur ringsum, in vielerlei Hinsicht eine amerikanische Traumstadt, erschien den beiden als der ideale Ort für ein glückliches Familienleben.

Jack erinnerte sich nicht daran, warum er sich zu einer menschlichen Existenz entschlossen hatte, und auch die Goldene Motorrad-Gang war aus seinem Gedächtnis verschwunden. Doch er war sich sehr wohl bewusst, dass sein Körper sich entwickelte, wie schnell er größer wurde und wie gut seine Hände ganz unterschiedliche Aufgaben meisterten. Darüber sprach er nur selten mit jemand anderem; seiner Ansicht nach hingen die meisten kleinen Jungs solchen Gedanken nach.

Obwohl Ellen eine strenge Mutter war, drückte sie Jack und seine Brüder dauernd an sich und sagte ihnen, wie sehr sie sie liebe. Die drei Geschwister genossen es, in der Umgebung Bäche, Wälder und den Ohio River zu erkunden; all das zusammen bildete ihre bescheidene und zugleich sorgenfreie Kindheit.

Während der Nachkriegszeit war jedoch der Alkoholkonsum für viele Erwachsene in Wheeling eines der bevorzugten Mittel zur Entspannung. Ellen war eine mäßige Trinkerin – meistens bei Picknicks im Kreise mehrerer Familien oder bei anderen gesellschaftlichen Anlässen –, aber Bud hatte diesbezüglich andere Gewohnheiten.

Wenn er einmal zu trinken begonnen hatte, konnte er abends fast eine ganze Flasche Whiskey leeren. Dann verhielt er sich oft grausam und gewalttätig gegenüber Ellen und seinen Söhnen. In nüchternem Zustand war er ein strenger und höchst anspruchsvoller Vater, der körperliche Züchtigung guthieß und nicht zögerte, Jack den Hintern zu versohlen, wenn der sich einmal danebenbenommen hatte. War Bud betrunken, wurde alles noch schlimmer.

Zur Bestrafung bediente er sich einer schweren Haarbürste mit Schweineborsten, die stärkere und stechendere Schmerzen verursachte als die Hand. Nach solchen Schlägen hatte Jack entsetzliche Angst vor ihm und versteckte sich, sobald Ärger drohte oder sein Vater getrunken hatte. Jack war sehr geschickt darin, geheime Schlupfwinkel ausfindig zu machen, und ersann sogar eine Methode, in den alten Radioschrank zu kriechen, wo sein Vater ihn nie vermutet hätte. Bud lief wutentbrannt durchs Haus auf der Suche nach Jack, und Jack wusste, dass er das Unvermeidliche nur aufschob, hatte aber auch gelernt, dass der väterliche Zorn schließlich ebenso nachlassen würde wie – in den meisten Fällen – die Intensität der Schläge.

Bud Canfield war nicht mehr beim Militär, aber das Militär war immer noch tief in ihm. Unerschütterlich hielt er an den Idealen der Ordnung, der Disziplin, der Hierarchie fest, vor allem aber an Regeln. Und er kannte zahlreiche Regeln.

Wenn Jack oder seine Brüder das Abendessen einschließlich Gemüse nicht ganz verzehrten, gab es keinen Nachtisch. Wenn ihre Zimmer nicht blitzblank und aufgeräumt waren, durften sie das Haus nicht verlassen, außer um zur Schule zu gehen. Eines der wichtigsten Gebote bestand darin, zu jeder Verabredung pünktlich zu erscheinen.

Als kleiner Junge liebte Jack die Natur, den Sport und das Spiel im Wald hinterm Haus. Er stellte sich vor, eine Art Pionier zu sein, der sein Gebiet zum ersten Mal erforschte und Entdeckungen machte wie noch niemand vor ihm.

Oft gab sich Jack dem schlichtesten Zeitvertreib hin, indem er etwa einem Schmetterling von Blume zu Blume folgte oder einem Eichhörnchen, das von einem Baum zum nächsten flitzte. Bei solch geheimen Unternehmungen war seine Aufmerksamkeit einzigartig, und nichts in der Welt war ihm wichtiger als die Gewissheit, dass diese Lebewesen wohlbehalten zu ihren Familien heimkehrten. Manchmal trieb ihn erst die Dunkelheit nach Hause, wo er dann mit einer Stunde Verspätung eintraf. Bud war aufgebracht, und obwohl er ihm nicht jedes Mal den Hintern versohlte, war es keineswegs sicher, dass sein Sohn nicht auf andere Weise bestraft wurde.

Jacks Leben änderte sich wenige Monate nach seinem sechsten Geburtstag. Buds Trunksucht hatte sich verschlimmert, und Ellen gelangte zu dem Schluss, dass sie mit ihm nicht mehr zusammenleben konnte. Sie reichte die Scheidung ein, zog mit den drei Söhnen zu ihrer Mutter, die einige Blocks weiter weg wohnte, und ordnete ihr Leben ohne Bud.

Jacks Großmutter Blanche führte zu Hause einen kleinen Geschenkartikelladen. Sie verkaufte Kaschmirpullover, Seifen aus Übersee, Silberrahmen und andere spezielle Geschenke an Freunde und Nachbarn. Jack begegnete gern den Leuten, die in seinem neuen Heim vorbeikamen, und liebte es, ohne Angst durchs Haus rennen zu können. Das rege Treiben darin faszinierte ihn genauso wie die Fähigkeit der Großmutter, jene gewöhnlichen, manchmal auch ungewöhnlichen und in seinen jungen Augen häufig seltsamen Dinge in Geschenke zu verwandeln, die die Menschen entzückten. Schnell wurde Jack klar, dass er wie seine Großmutter sein wollte. Er hatte den Wunsch, andere glücklich zu machen und damit gleichzeitig Geld zu verdienen.

Obwohl erst acht Jahre alt, wurde Jack Jungunternehmer. Er entdeckte eine Verdienstmöglichkeit, indem er älteren Leuten in der Nachbarschaft half. Nur zwei Blocks von seinem neuen Zuhause entfernt lag nämlich ein Park, wo man mit einer Handpumpe frisches Quellwasser zutage fördern konnte. Damit füllte Jack Behälter, die eine Gallone, also knapp vier Liter, fassten, stellte sie auf seinen leuchtend roten Handwagen und zog ihn zu den Häusern einiger Witwen, die für seine Unterstützung äußerst dankbar waren. Sie gaben ihm zur Belohnung ein Fünf- oder Zehncentstück, und so verdiente er an einem Tag genug, um samstags die Frühvorstellung im Kino zu besuchen, die ihm lieb und teuer war.

Sein früher Erfolg mit der Förderung und Auslieferung von Wasser brachte Jack auf die Idee, Zeitungen auszutragen. Bald darauf sah man ihn auf dem Fahrrad durch die Nachbarschaft flitzen und den zielsicheren Wurf der Zeitung ausführen, während er sich zwischen geparkten Autos, bellenden Hunden und auf dem Bürgersteig verstreut liegenden Rollschuhen geschickt einen Weg bahnte. Jack spürte wahnsinnig gern den

Wind, der ihm durchs Haar strich, und trat kräftig in die Pedale – nicht nur um das Pensum rascher zu bewältigen, sondern einfach wegen des Nervenkitzels, den die Geschwindigkeit in ihm auslöste.

Jack genoss die glückliche Kindheit, die er früher in dem vom Vater und dessen unnachgiebigem Charakter beherrschten Haus weitgehend vermisst hatte. Ein Jahr später heiratete Ellen ein zweites Mal, woraufhin Jack und seine Brüder das Haus der Großmutter verließen, um beim neuen Ehemann Fred einzuziehen, der nun ihr Stiefvater war. Bald hatte Jack eine kleine Schwester namens Kim.

Gelegentlich sah er noch seinen Vater Bud, aber Fred war jeden Tag in greifbarer Nähe und wurde so für ihn zum »echten« Papa.

Im Alter von zehn Jahren tat er sich in der Schule und im Sport hervor und hatte viele Freunde. Die Beziehung zu seiner Mutter wurde enger und gesünder, da beide Buds Temperamentsausbrüchen und strengen Regeln entflohen waren. Freds und Ellens finanzielle Möglichkeiten waren zwar begrenzt, aber Jack hatte eine vermögende Großtante, die ihn für begabt hielt und die nötigen Maßnahmen ergriff, damit er in die fünfte Klasse an einer privaten Militärschule in Wheeling eintreten konnte.

Jacks Teenagerjahre drehten sich um die Schule und seine sportliche Leistungsfähigkeit, und sie waren herrlich. Jack spielte Football und wurde in das renommierte Wheeling All City Team als *end* berufen – bei den damaligen Highschool-Matches jener Spieler, dem viele Bälle zugeworfen wurden. In Jacks Fall führten diese Pässe oft zu einem Touchdown, also zum Gewinn von sechs Punkten. Außerdem war er Mitglied des Schwimmteams, rannte die Viertelmeile sowie in der Staffel über eine Meile, sang im Schulchor und war unter Schülern wie Lehrern sehr beliebt.

Der Schulchor war für Jack etwas wirklich Besonderes. Er liebte die Fähigkeit, durch gemeinsames Singen eine Harmonie zu schaffen, was ihn wiederum dazu anregte, das Gitarrenspiel zu erlernen. Während der elften Klasse schloss er sich einer Band an und sang alsbald Lieder über Frieden, Liebe, Atombombenverbot, soziale Ungerechtigkeit und andere Themen der frühen Sechzigerjahre. Bei solchen musikalischen Übungen und Auftritten erlebte Jack transzendente Augenblicke tief empfundener Einheit und Freude.

In jener Phase wurde er durch die Freundschaft mit einem Cousin mit echtem Reichtum bekannt. Seine Familie hatte nur den Lebensstandard der Mittelschicht, wohingegen der Cousin in einer Villa mit großen Schlafzimmern, teurer Kleidung, Swimmingpool, Tennisplatz, mehreren Autos, Hunden, Pferden und weitläufigem Gelände wohnte. Jack fühlte sich dort wie im Himmel. Anfangs beneidete er seinen Cousin, fasste dann aber den Entschluss, selbst eines Tages die gleiche Art von Wohlstand und Fülle zu schaffen.

Mittlerweile hatte Jack eine Reihe von Teilzeitjobs; zum Beispiel arbeitete er als Bademeister im Schwimmbad des örtlichen Countryclubs. Obwohl von Natur aus eher scheu, konnte er dank seiner Freunde viele hübsche Mädchen kennenlernen und sich überall in der Stadt zu Pärchentreffs verabreden. Oft vergaß er,

Stiefvater und Mutter über seine Pläne zu unterrichten, und wenn er dann erst mit einiger Verspätung zurückkehrte, bekam er Ausgehverbot oder musste zusätzliche Aufgaben im Haus erledigen. Doch alles in allem war es für Jack ein wunderbares Leben.

Der Pfiff des Schiedsrichters am Ende der Football-Meisterschaft der Highschool markierte den Höhepunkt seiner Teenagerjahre. Sekunden vorher hatte er den entscheidenden Touchdown erzielt und wurde von seinen Teamgefährten als einer der Helden des Spiels gefeiert. Als er zur Tribüne hinaufsah und dem Blick seiner Freundin begegnete, fühlte er sich absolut unschlagbar und bereit, jede nur erdenkliche Herausforderung anzunehmen.

Jack war nie der Klassenbeste gewesen, aber immer unter den ersten drei; tatsächlich gehörte er in fast all seinen Aktivitäten zu den drei Besten. Die Zulassung an der Harvard University begeisterte und erfüllte ihn natürlich mit Stolz, war aber keine allzu große Überraschung. Denn er hatte erfahren, dass man dort grundsätzlich jedes Jahr zwei Jungs aus West Virginia aufnahm, und wusste, dass sich nur wenige um diese freien Plätze bewarben. Den meisten in West Virginia erschien Harvard ebenso fern wie der Mars. Mit seiner Wissbegier und dem unstillbaren Verlangen, ständig in Bewegung zu sein und neue Entdeckungen zu machen, betrachtete er Harvard als idealen Ort.

Außerdem erhielt Jack die Erlaubnis, an zwei der führenden Militärakademien des Landes zu studieren, nämlich an der Naval Academy in Annapolis, Maryland, und an der Military Academy in West Point, New York. Seine Mutter wollte unbedingt, dass er nach Annapolis ginge. Andere Familienmitglieder hielten West Point für die noch bessere Wahl. Doch nach acht Jahren Militärschule war Jack der Meinung, die familiäre Verbundenheit mit dem Militär vollauf gewürdigt zu haben, nun sei die Zeit für neue Herausforderungen gekommen. Er überlegte sich diese Entscheidung reiflich und gab am Ende Harvard den Vorzug vor den beiden anderen Universitäten Yale und Brown.

Jack erinnerte sich weiterhin weder an die Goldene Motorrad-Gang noch daran, warum er beschlossen hatte, als Mensch geboren zu werden. Zugleich aber fühlte er sich anders als die meisten, mit denen er in West Virginia aufgewachsen war. Er wusste nicht, worin dieser Unterschied bestand, brauchte dafür jedoch keine Erklärung; dem war einfach so und war immer schon so gewesen, solange er zurückdenken konnte.

Während seiner Entwicklung vom Kleinkind zum jungen Mann war es ihm nie schwergefallen, sich anzupassen, aber er schien immer nach etwas anderem zu suchen, mehr zu erwarten als seine Freunde.

Er hoffte, dieses Plus an der Harvard University in Cambridge, Massachusetts, zu finden.

3

DAS PLUS

Und so, meine amerikanischen Mitbürger:
Fragt nicht, was euer Land für euch tun kann,
sondern fragt, was ihr für euer Land tun könnt.

John F. Kennedy

Dieses Plus, das Jack an der Harvard University erlebte, bestand zunächst darin, dass er sich einen Bart
stehen ließ. Man schrieb das Jahr 1962, und die Welt
veränderte sich. John F. Kennedy war Präsident der
Vereinigten Staaten und bat junge Leute wie Jack, nicht
danach zu fragen, was ihr Land für sie tun kann, sondern danach, was sie für ihr Land tun können.

Die Hoffnung auf ein besseres Amerika und eine bessere Welt war deutlich spürbar, und zum ersten Mal in
der Geschichte des Landes war es die Jugend, die die
Führungsrolle übernahm. Der einundzwanzigjährige
Bob Dylan sang in den von Rauch und Traum ge-
schwängerten Bars entlang der Nordostküste *Blowin'*
in the Wind. Doch nicht alle Winde wehten zum Besseren, derweil Amerika immer tiefer eingriff in jenen Konflikt, ausgebrochen in einem fernen asiatischen Land,
dessen Name nur wenige kannten oder auszusprechen
vermochten: Vietnam.

Nach seiner Ankunft in Harvard fühlte Jack sich freitags abends zu einer Hootenanny-Gruppe hingezogen, die traditionelle Folkmusik sang, und da Bob Dylan und Joan Baez die Jugendkultur der Sechzigerjahre stark beeinflussten, spielte die Gruppe immer mehr Friedens- und Protestsongs.

Jacks Bart und langes Haar, die auch seine Abkehr von Bürstenschnitt und glatt rasiertem Gesicht während der acht Jahre an der Militärschule bekundeten, passten gut zu den neuen Gesangsfreunden. Er war nur ein Anfänger und glaubte daher, durch den Bart älter und reifer zu wirken. Die Mädchen, die er traf, fanden den Bart offenbar auch ziemlich cool.

Zunächst sang Jack einfach zum Vergnügen und um sich nach einer harten Arbeitswoche in Harvard zu entspannen. Seine Kurse waren weitaus anspruchsvoller als die an der privaten Militärschule in West Virginia; schon bald merkte er, dass ihn das Studium nicht nur intellektuell, sondern auch emotional stärker in Bann zog.

Jack empfand diese Folksänger oder »peaceniks« – so bezeichneten viele in der älteren, eher skeptischen Generation diejenigen, die sich durch Gesang und Einsicht für Frieden und sozialen Fortschritt einsetzten – als äußerst wertvoll. Die Protestsongs schärften sein Bewusstsein hinsichtlich der zahlreichen gesellschaftlichen Probleme, mit denen er sich auf der Highschool nie auseinandergesetzt hatte.

Seine neuen Freunde diskutierten und sangen über die durch Rassismus, Sexismus und Habgier verursachten Ungerechtigkeiten, über die Gefahren der Verbreitung von Atomwaffen, der Überbevölkerung, der Luft-

und Wasserverschmutzung und damit auch über die vorrangigen Themen der gerade aufkommenden Umweltschutzbewegung.

Der Krieg in Vietnam schien immer unausweichlicher, und obwohl Jack die militärische Ausbildung, die er auf der Schule in West Virginia erhalten hatte, stets ebenso achtete wie die familiäre Verbundenheit mit dem Militär, begann er doch daran zu zweifeln, ob der Krieg tatsächlich die richtige Antwort auf einen internationalen Konflikt darstellte. Die Ironie, die in seiner neuen Skepsis lag, verstand er durchaus; denn einerseits war er dankbar für die Selbstdisziplin, die man ihm an der Militärschule beigebracht hatte, andererseits erkannte er, dass ohne diese Disziplin sein geistiges Erwachen in Harvard nicht möglich gewesen wäre.

Außerdem wusste Jack, dass seine Freunde auf der Highschool, die es gar nicht erwarten konnten, einberufen zu werden oder freiwillig in Vietnam zu dienen, große Kinder waren, verpflichtet den amerikanischen Idealen der Freiheit und der Demokratie, was auch den Schutz der Notleidenden mit einbegriff. Er betrachtete sich als echten Patrioten, sah aber auch, dass der eigentliche Zweck einer militärischen Einrichtung darin bestand, den Frieden zu bewahren, statt Kriege zu führen.

Jack widmete sich mehr denn je seinen akademischen Studien, die ihm alles abverlangten, sodass er sich nicht in erster Linie als Friedensaktivist betätigen konnte. Anfangs von Kursen über Geschichte und Regierungsformen angezogen – denn ihm schwebte der Beruf des Rechtsanwalts vor –, wählte er schließlich Chinesische Geschichte als Hauptfach.

Am Freitag, den 21. November 1963 befand sich Jack in New Haven, Connecticut, wo er sich gerade für ein Footballmatch zwischen den Universitätsmannschaften von Harvard und Yale aufwärmte. Das Spiel wurde jedoch dreißig Minuten vor dem Anpfiff abgesagt, als die Nachricht eintraf, dass Präsident John F. Kennedy in Dallas erschossen worden war. Bald danach führte der neue Präsident Lyndon B. Johnson die sogenannte *Great Society* ein, ein groß angelegtes gesellschaftspolitisches Reformprogramm, das auf Bürgerrechte und mehr Chancengleichheit für die Unterprivilegierten abzielte.

In der Ära nach Kennedy trat Martin Luther King als elektrisierende Kraft der Bürgerrechtsbewegung in Erscheinung. Jack identifizierte sich mit Kings berühmter *I have a dream*-Rede und wurde durch ihn sowie andere Leitfiguren der Bewegung dazu ermutigt, an einer städtischen Schule bei Cambridge seine Dienste anzubieten. Daneben wurde ihm an der Universität Anerkennung zuteil, weil er jüngeren Hauptfachstudenten kostenlos Nachhilfeunterricht erteilte. Damit war er hinsichtlich seines sozialen Engagements in einer idealen Situation.

Je mehr Jack mit den afroamerikanischen Kindern an jener Schule in Kontakt kam, desto deutlicher wurde er sich der tiefen Bedeutung eines respektvollen und freundlichen Verhaltens gegenüber allen Menschen bewusst. Als Scheidungskind in einer Zeit, als nur wenige Eltern der Mittelschicht ihre Ehe auflösten, erkannte sich Jack in vielen dieser Kinder wieder. Er wusste nur zu gut, wie es war, in zerrütteten familiären Verhältnissen und neben einem trunksüchtigen, cholerischen und unberechenbaren Elternteil aufzuwachsen. Auch er hatte, wenngleich weniger drastisch, unter solchen Gewalttätigkeiten gelitten, die den Kindern dort täglich Sorgen bereiteten.

Im Gespräch mit ihnen, die äußerst lebendig und fröhlich waren, hörte Jack die Geschichten von häuslicher Grausamkeit. Er dachte an Dale, jenen hundsgemeinen Kerl, den er damals auf der Schule in Wheeling kennengelernt hatte. In Wheeling war die Jagd genauso Teil des Lebens wie eine hohe Achtung vor dem Land und den kleinen Geschöpfen, die es durchquerten oder überflogen. Dale aber genoss es, die Tiere zu quälen, bevor er sie tötete. Diese Erinnerung rief in Jack den Gedanken wach, dass Menschen – wie auch Tiere – zur falschen Zeit am falschen Ort sein konnten und dann die schlimmen Folgen zu tragen hatten.

In seiner Funktion als lehrender Student wollte Jack sein Bestes tun, um zu gewährleisten, dass von nun an weniger Menschen in eine solch fatale Situation gerieten. Er fand, eine Laufbahn als Lehrer trüge wohl im gleichen Maße dazu bei, die Welt friedlicher zu gestalten, wie eine Karriere beim Militär, die seine Familie einst für ihn vorgesehen hatte.

4

MUSIK UND CHAOS

Wichtig ist, dass man nie aufhört,
Fragen zu stellen.
Albert Einstein

Eines der entscheidenden Ereignisse in Jacks Entwicklung vom Kleinstadtjungen aus West Virginia zum engagierten Weltbürger geschah am 24. Juli 1965 auf dem Newport Folk Music Festival. Dort nämlich benutzte Bob Dylan zum ersten Mal eine elektrische Gitarre, um seine Songs vorzutragen. Die im Publikum anwesenden Puristen der Folkmusik lehnten dieses »unübliche« Instrument derart scharf ab, dass sie ihn tatsächlich von der Bühne wegbuhten. Trotz seiner verblüffenden Erfolge dauerte es siebenundzwanzig Jahre, bis er bei diesem Folk Festival erneut auftrat.

Das entscheidende Ereignis bestand für Jack jedoch nicht in Dylans kühner Wahl, die immerhin eine grundlegende Veränderung in der Musik einleitete und damit Millionen von Menschen über Jahrzehnte beeinflusste, sondern in dem zufälligen Umstand, dass er am Vorabend bei einem Banjo-Konzert neben Pete Seeger saß. Bislang hatte Jack Lieder gesungen, die ursprünglich von Peter, Paul and Mary, Woody Guthrie und anderen großen amerikanischen Folksängern wie Pete Seeger und seiner Band The Weavers stammten. Neben seinem Idol zu sitzen, dessen völlig natürliche und umgängliche Art zu erleben, beeindruckte ihn tief. Jack erkannte, dass die Gabe, Menschen durch Musik zu berühren, höchst außergewöhnlich war und auch ihm erlauben würde, mit anderen Personen Verbindungen einzugehen, wie kein akademisches Studium sie herzustellen vermochte.

Im Herbst 1965 kehrte Jack für sein letztes Studienjahr nach Harvard zurück und beschloss, einige Kurse zu belegen, die seiner Leidenschaft für das menschliche Miteinander eher entsprachen. Sein Gespräch mit Pete Seeger und seine Bewunderung für Folksänger wie Donovan, Bands wie The Lovin' Spoonful und weitere Musikgruppen, die aktuelle Probleme behandelten, brachten ihn dazu, an dem Seminar Social Relations 10 teilzunehmen. Die Entscheidung für dieses harmlos klingende Thema sollte Jacks Leben tief greifend verändern, denn durch Social Relations 10 stieß er auf einige brisante Konzepte in Soziologie und Psychologie.

Es wurden die maßgeblichen Denker der Human Potential Movement vorgestellt und ihre Theorien diskutiert, die darauf beruhen, dass die Entfaltung des im Menschen schlummernden Entwicklungspotenzials zu emotionaler Ausgeglichenheit, Kreativität und Erfüllung, also auch zu einer Steigerung der Lebensqualität führe.

Die Studenten waren aufgefordert, diese neuen Ideen in der Realität zu erproben. Jack glaubte sich in einer Selbsterfahrungsgruppe der Bewegung, als er gezwungen wurde, seine Grundanschauungen derart genau zu untersuchen, wie es ihm bisher nie in den Sinn gekommen war.

Obwohl ihm diese Einsichten manchmal Unbehagen bereiteten, fand er die strenge Selbstprüfung faszinierend und wurde fast süchtig danach. Zum ersten Mal erkannte er die wahre Macht von Ideen, die sein Leben und das der anderen nachhaltig beeinflussen konnten. Er wollte sie weiter erforschen und zusätzlich Kurse auf dem Gebiet der Erziehungspsychologie besuchen. In dieser Phase war es zwar zu spät, das Hauptfach zu wechseln, aber er beschloss, eine Laufbahn im öffentlichen Bildungssystem einzuschlagen. Deshalb bewarb er sich an der Graduate School of Education der University of Chicago für einen Master-Studiengang – und wurde aufgenommen.

Diese Entscheidung überraschte einige Kommilitonen, und sein Zimmergenosse scherzte: »Okay, wenn wir anderen die Kohle einstreichen und die Vorteile unserer super Positionen genießen, werden wir bestimmt mal unseren Kumpel von der Highschool zum Abendessen einladen.«

Jack wusste, dass er dank seines Harvard-Abschlusses möglicherweise eine hochbezahlte Stelle in der amerikanischen Wirtschaft erhalten hätte; aber motiviert durch die Begegnung mit Pete Seeger sowie durch sein gerade erwachtes Bewusstsein von der Macht der Psychologie, Verbindungen zu Menschen herzustellen und ihnen zu helfen, war er mit seiner Wahl völlig in Einklang.

Im Herbst 1966 begann Jack sein Studium an der Graduate School in Chicago und besuchte im Rahmen seiner Ausbildung bald eine ganze Reihe von öffentlichen Schulen, etwa die Rich Township High School in einem der – nomen est omen! – prächtigsten Vororte Chicagos sowie die Dusable High School am südlichen Stadtrand, inmitten eines der ärmsten Viertel der afroamerikanischen Bevölkerungsgruppe. Diese Schule galt zu jener Zeit als die gefährlichste in ganz Amerika. Der scharfe Gegensatz zwischen den Bildungsanstalten erinnerte Jack erneut an die frappierenden Ungleichheiten in der amerikanischen Gesellschaft und besonders auch an die Herausforderungen, denen sich Lehrer an unterfinanzierten und unterbesetzten städtischen Schulen stellen mussten.

Nach dem ersten Studienjahr wurde er beauftragt, ein Jahr lang Geschichte an der ebenfalls im Süden der Stadt gelegenen Calumet High School zu unterrichten. Calumet war ein Beispiel für die raschen demografischen Veränderungen gegen Ende der Sechzigerjahre. In weniger als fünf Jahren hatte sich die finanziell gut ausgestattete, vornehmlich von jüdischen Kindern besuchte Schule in eine viel zu gering finanzierte, fast nur von Afroamerikanern besuchte Penne verwandelt.

Dort wurde Jack unmittelbar mit den verhängnisvollen Zusammenstößen zwischen Jugendbanden konfrontiert. 1968 war diese Art von Gewalt an amerikanischen Highschools noch nicht sehr verbreitet, aber Calmut musste auch mit diesem Übel fertigwerden.

Eines der stürmischsten und folgenschwersten Jahre der amerikanischen Geschichte hatte gerade begonnen, und Jack befand sich in einem der Epizentren des gewaltsamen Kampfes.

Zwischen Frühjahr und Sommer 1968 wurden im Abstand von nur zwei Monaten zuerst Martin Luther King und dann Robert Kennedy durch die Kugeln von Attentätern niedergestreckt. Wut und Enttäuschung der jungen Generation, die allein schon wegen des Vietnamkrieges in Aufruhr war, ergossen sich in die Straßen Chicagos.

Präsident Johnson beorderte Truppen der Nationalgarde nach Chicago, dessen Bürgermeister Richard Daley der Polizei den Befehl erteilte, auf jeden zu schießen, der Brandstiftung beging.

Sowohl Martin Luther King wie auch Robert Kennedy hatten als große Vorkämpfer für die Gleichberechtigung und Chancengleichheit der Afroamerikaner und anderer Minderheiten am unteren Ende des sozialen Spektrums gegolten, und ihre Ermordung brachte die schwelende Enttäuschung und unterdrückte Wut endgültig zum Ausbruch.

Gewalt erzeugte noch mehr Gewalt.

Die Lage in Chicago geriet außer Kontrolle. Jack erkannte, dass die amerikanische Gesellschaft nicht mehr funktionierte. Zu viele Menschen waren im Stich gelassen und zu viele Möglichkeiten für sozialen Fortschritt verbaut worden.

Jack wurde nicht radikal, musste jedoch zum ersten Mal einsehen, dass sein durch strenge Erziehung und militärische Ausbildung gestärktes Vertrauen in die staatliche Autorität, richtige Entscheidungen zu treffen, wohl nicht in der Weise begründet war, wie er bisher geglaubt hatte.

Ironischerweise waren die Samen für Jacks erwachendes Bewusstsein, der Autorität nicht blindlings zu folgen, von seinem überaus autoritären Vater gesät worden.

Jack erinnerte sich, wie er einmal im Alter von sechs Jahren nach einem harmlosen Autounfall über Nacht im Krankenhaus bleiben musste. Die medizinischen Untersuchungen sollten zeigen, ob er innere Verletzungen davongetragen hatte.

Als Bud Canfield erfuhr, was vorgefallen war, raste er zum Krankenhaus und fand den kleinen Jack in Tränen aufgelöst. Die Verletzungen schienen unbedeutend, aber der Junge war außer sich, weil er Eiscreme liebte und alle anderen Kinder auf seiner Station davon bekommen hatten, quasi als Snack am späten Nachmittag – außer Jack.

Nachdem Bud seinen Sohn getröstet hatte, fragte er die Oberschwester in frisch gestärkter weißer Tracht, warum Jack kein Eis erhalten hatte.

»Der Arzt wollte ihn untersuchen, deshalb hielten wir es nicht für ratsam, dass er vorher Eis isst«, lautete die Erklärung der Krankenschwester.

»Ich verstehe, aber die Untersuchung wurde bereits durchgeführt, und Sie behalten Jack nur hier, um auf die Ergebnisse von morgen zu warten. Warum also kann er jetzt kein Eis haben?«, fragte Bud höflich.

»Nun, das wäre nicht in Ordnung. Die Zeit für den Snack ist vorbei. Außerdem haben wir das Eis schon weggeräumt, ebenso die Schokoriegel, die damit serviert werden«, erläuterte sie und wandte sich dann ab, um zu ihrem Zimmer am Eingang der Station zurückzukehren.

Bud fasste sie sanft am Arm, um ihre Aufmerksamkeit auf sich zu lenken, und bat flehentlich: »Aber, Schwester, mein kleiner Junge hat gerade einen solch großen Schreck bekommen, und seiner Meinung nach ist es ungerecht, dass er im Gegensatz zu den anderen Kindern leer ausgehen musste. Sicherlich würde er gerade jetzt eine Schale mit Eis ganz besonders zu schätzen wissen.«

»Regeln sind Regeln. Es tut mir leid, aber ich kann nichts machen«, entgegnete sie mit entschlossener Miene, drehte sich um und ging von dannen.

Jack schaute seinen Vater traurig an, aber Bud zwinkerte ihm zu und sagte: »Keine Sorge, mein Junge. Ich bin gleich wieder zurück, und dann wirst du dein Eis haben.«

Bud hielt sein Versprechen und kehrte sehr bald mit einem großen Behälter, darin fast zwanzig Liter Eis, genügend Plastiklöffeln und Papierbechern für die gesamte Kinderstation an Jacks Bett zurück. Zunächst gab er ihm einen reichlich gefüllten Becher, dann jedem der anderen jungen Patienten, die allesamt das Gefühl hatten, dass eine zweite Portion Eis genau das war, was sie nach dem Abendessen brauchten.

Die Oberschwester kam herbei, eilte an den Betten entlang und fuhr Bud mit lauter Stimme an: »Was tun Sie da mit dem Eis? Ich hab Ihnen doch gesagt, die Zeit für Eis ist um! Das ist gegen die Vorschriften des Krankenhauses!«

Jack, der gerade einen gehäuften Esslöffel des sahnigen Vanilleeises hinunterschluckte, hielt inne, war jedoch erleichtert, als sein Vater in äußerst liebenswürdigem Ton der Schwester erwiderte: »Ich weiß, Sie sprechen von Vorschriften, aber einige Vorschriften sind nur dazu da, dass man gegen sie verstößt. Ich sehe nicht, dass es irgendeinem Kind hier wegen eines Bechers Eis schlechter gehen würde. Alle wirken jetzt glücklich, und ich bezweifle, dass Sie einen geruhsamen Abend verbringen werden, wenn Sie ihnen das Eis wegnehmen.«

Obwohl sichtlich verärgert, tat die Schwester nichts anderes, als ihre Kleidung glatt zu streichen und zu murmeln: »Nun, ich werde nie …«, und ging dann zu ihrem Zimmer zurück.

Jack aß sein Eis weiter, und es war keineswegs nur dieser Genuss, der ihn lächeln ließ. Er fühlte die tiefe Liebe seines Vaters und war stolz, wie dieser sich gegen die Krankenschwester behauptete. Als Sechsjähriger hatte Jack nie wirklich begriffen, welchen Mut sein Vater beim Steuern der B-17-Bomber und in der Ausbildung der Flugschüler bewies, aber an diesem Abend sah er dessen beherztes Handeln mit eigenen Augen.

Jack entsann sich dieser Begebenheit im Angesicht der lodernden Feuer des Jahres 1968, entfacht durch die Intoleranz und die blinden Ordnungsmaßnahmen seitens der Amtsgewalt, und kam zu der Einsicht: Wenn ein so strenger und anspruchsvoller Mann wie Bud Canfield die Vorschriften durchschauen, auf Vernunft und Gerechtigkeit beharren konnte, dann war auch er dazu imstande.

Als Jack miterlebte, wie die Leute am südlichen Stadtrand Chicagos den Ordnungskräften erbitterten Widerstand leisteten, verpflichtete er sich innerlich dazu, ihnen und anderen, die in Amerika schon zu lange durch Ausbeutung und Rassismus unterdrückt worden waren, auf irgendeine Weise zu helfen. Er respektierte zwar weiterhin die grundlegenden Werte der amerikanischen Gesellschaft, erkannte aber zugleich die Notwendigkeit für einen Wandel in seinem Land, fest entschlossen, zu einer Korrektur der schreienden Ungerechtigkeiten beizutragen.

5

SPRICH MIT MIR

*Lasst uns alle hoffen, dass die dunklen Wolken
rassistischen Vorurteils bald verschwinden
und dass in einem nicht allzu fernen Morgen
die strahlenden Sterne der Liebe und der
Brüderlichkeit mit all ihrer funkelnden Schönheit
über unserer großen Nation scheinen werden.*

Martin Luther King

»Hör auf, dieses Buch zu lesen, und sprich mit mir.«

Jack sah auf, erschreckt durch die plötzliche Gegenwart eines dunkelhaarigen Mannes, der im Waschsalon
am südlichen Stadtrand Chicagos zu ihm herabsah.
Als Hochschulabsolvent hatte Jack keine Waschma-
schine und ging wie die anderen Studenten auch in den
Waschsalon. Dieser lag zwar nicht inmitten des Schwar-
zenviertels, sehr wohl aber in jener Gegend, wo Italie-
ner, Schwarze und andere Bevölkerungsgruppen eine
bunte Mischung bildeten. Es war keine gefährliche Nachbarschaft, doch für einen jungen Weißen wie Jack auch
nicht gerade der sicherste Ort, an dem er sich je aufge-
halten hatte. Und daher war er zunächst ein wenig verängstigt, als jene nachdrückliche Aufforderung, nicht
mehr zu lesen und seinem Gegenüber Beachtung zu

schenken, ihn völlig unerwartet aus seiner Versunken-
heit riss.

Jack, der einfach nur wartete, bis seine Wäsche ge-
trocknet war, und derweil akademische Lektüre nach-
holte, legte das Buch sofort beiseite und hob den Blick.

»Was hast du gesagt?«, war seine erste Reaktion.

»Du hast mich schon verstanden, hör auf, dein Buch
zu lesen, und sprich mit mir«, wiederholte der Mann.

»Okay. Worüber willst du denn sprechen?«, fragte Jack
vorsichtig, um herauszufinden, ob dieser junge Mann
einen bestimmten Grund hatte, das Wort an ihn zu
richten.

»Nun, fangen wir mit deinem Namen an und warum
du hier bist. Ich heiße Frank Broude und schreibe gerade meine Doktorarbeit in Wirtschaftswissenschaften
zum Thema, wie man jeden Dollar der staatlichen Hilfe
dafür verwenden kann, aus Chicago eine bessere Stadt
zu machen«, erwiderte Frank.

»Ich heiße Jack Canfield und bin ebenfalls im höheren
Fachsemester. Ich bereite meinen Master in Erziehungs-
wissenschaften vor und unterrichte an der Calumet
High School, das ist Teil meiner Lehrerausbildung«,
sagte Jack, der allmählich die Überzeugung gewann,
dass er es mit einem geistig gesunden Eindringling zu
tun hatte und nicht mit jemandem, vor dem er sich
schützen musste.

So begann eine der wichtigsten Freundschaften in
Jacks Leben. Frank Broude war ein ernster und eifriger
Student, der sich nicht nur für Wirtschaftswissenschaf-
ten leidenschaftlich interessierte, sondern auch für die
Frage, wie Geldmittel sinnvoll eingesetzt würden, um
das Leben der Entrechteten erträglicher zu gestalten.

Seine Dissertation handelte tatsächlich davon, in welcher Weise die Stadtverwaltung Geld ausgeben sollte, um die Verhältnisse in Chicago entscheidend zu verbessern. Er untersuchte die Auswirkungen, die ein Dollar, ausgegeben entweder für das Erziehungswesen, die Armenküchen, die Anstellung zusätzlicher Polizisten oder Feuermänner, auf die städtischen Verhältnisse hat.

Während seiner Nachforschungen kam Frank nicht umhin, sich auf die Nöte in Chicago zu konzentrieren, die vor allem im südlichen Teil mit seinen ghettoartigen Zuständen herrschten und unter denen die afroamerikanische Bevölkerungsgruppe am meisten zu leiden hatte.

Als er und Jack jenes erste Gespräch im Waschsalon begannen, harmonierten sie nicht nur auf der intellektuellen Ebene miteinander, sondern teilten auch das Interesse, die psychologischen und emotionalen Aspekte von Chicagos schwarzafrikanischer Minderheit zu verstehen. Bei seiner Lehrtätigkeit an der Calumet High School lernte Jack das Leben seiner Schüler aus nächster Nähe kennen. Dank Franks Unterstützung und Leidenschaft für Feldforschung innerhalb der Gemeinschaft der Schwarzen – der Schwerpunkt seiner Dissertation – fing Jack an, zusammen mit seinem Freund afroamerikanische Restaurants, Kirchen und Klubs zu besuchen. Frank war ein großer Jazzfan, und so dauerte es nicht lange, bis auch Jack, ohnehin ein Musikliebhaber, zu einem solchen wurde.

Frank nahm ihn mit zu der hauptsächlich von Afroamerikanern besuchten Kirche, wo der Bürgerrechtler Jesse Jackson predigte. Nie war Jack einem Pastor mit

einem derartigen Charisma so nahe gewesen. Er beob-
achtete, wie Jackson nicht nur mit Worten, sondern
auch mit Gesten und dem Tonfall seiner Stimme alle
Anwesenden in Bann schlug. Er fühlte sich von ihm inspiriert, ebenso aber – und oft in noch stärkerem Maße
– von anderen Rednern, die in die Kirche kamen, etwa
farbige Schauspieler wie Bill Cosby oder Sidney Poitier.
Jack lernte die afroamerikanische Gemeinde hoch zu
schätzen, die Geschichte und Schönheit der schwarz-
afrikanischen Kultur nachdrücklich zu verfechten.

An der Calumet High School war sein Fach Amerikanische Geschichte. Für ihn hatte es etwas Ironisches,
dass er farbige Schüler anhand eines Lehrbuchs unterrichten sollte, das Farbige im Allgemeinen und die
Leistungen der Afroamerikaner im Besonderen kaum
erwähnte. Aufgrund seiner Studien in Erziehungspsychologie wusste er: Schüler lernen besser, wenn man
sie in ihrer Selbstachtung bestärkt. Da im offiziellen
Lehrbuch die Geschichte der Schwarzen fast keine
Rolle spielte, musste er also versuchen, zwischen dem
vermittelten Stoff und dem individuellen Leben, den
persönlichen Interessen der Schüler eine Verbindung
herzustellen, damit sie in den scheinbar beliebig anei-
nandergereihten Fakten einen Sinn entdecken konnten.
Bei seiner Suche nach wesentlichen Quellen stieß er
auf ein Buch von Lerone Bennet, Jr. mit dem Titel *Be-
fore The Mayflower: A History of Black America, 1619-
1964*. Jack gab es seinen Schülern als zusätzliche Lektüre auf. Darin wurden die Erfahrungen der schwarzen
Amerikaner von der Kolonialzeit bis zum Beginn der

Bürgerrechtsbewegung in den frühen Sechzigerjahren aufgezeichnet. Dieses neue Informationsmaterial faszinierte Jacks Schüler so sehr, dass sie ihn baten, der in Calumet gerade gegründeten African American Student Organization als Mentor zur Verfügung zu stehen. Er übernahm diese Aufgabe mit Begeisterung und war bald einer der wenigen weißen Lehrer, denen die schwarzen Schüler wirklich vertrauten. Dieses Maß an Vertrauen und Respekt war von großer Bedeutung, als am 4. April 1968 Martin Luther King ermordet wurde.

Denn tags darauf, kurz nach dem Mittagessen, begannen die Schüler der Calumet High School zu randalieren. Völlig außer Kontrolle geraten, rannten sie die Gänge auf und ab, setzten Papierkörbe in Brand und warfen Schreibtische aus dem Fenster. Es drohte zwar keine direkte Gewalt gegen Menschen, aber die Situation war hochexplosiv. Viele der weißen Lehrer schlossen sich in ihrem Aufenthaltsraum ein, und einige Schüler lösten Feueralarm aus. Die Männer der eintreffenden Chicagoer Feuerwehr waren äußerst wachsam und durchaus bereit, auf die Meute einzuprügeln.

Im Tumult auf den überfüllten Gängen stieß einer von Jacks schwarzen Schülern, der dem Basketballteam angehörte, mit seinem baumlangen Körper versehentlich gegen einen der großen, robusten Feuerwehrmänner irischer Abstammung, woraufhin der ihn an die Wand presste und die Axt hob, um ihm mit dem stumpfen Ende einen Hieb gegen den Kopf zu versetzen. Jack eilte zu dessen Rettung herbei, blickte dem Feuerwehrmann in die Augen und erklärte entschieden: »Das sollten Sie nicht tun.« Der Feuerwehrmann ließ den anderen los und zog sich zurück.

Einige Zeit später dachte Jack, dass er an jenem Tag vielleicht allein durch seine Gegenwart und Besonnenheit dem Schüler das Leben gerettet hatte. Er wusste, dass der junge Mann niemanden körperlich verletzen wollte, als er der tiefen Verzweiflung und Enttäuschung Ausdruck verlieh, die die Ermordung Martin Luther Kings in ihm und der gesamten afroamerikanischen Bevölkerungsgruppe Chicagos hervorgerufen hatte.

Während der Zeit in Calumet lernte Jack die Lektion, worum es bei Rassismus eigentlich geht, und zwar auf eine Weise, die ihn überraschte und die der Wirklichkeit viel näher kam als die bloße Lektüre über Fakten, Zahlen und historische Ereignisse. Sein bester Freund dort war ein Lehrer namens Claude Bossette, ein hochgewachsener Schwarzer, der Sport unterrichtete. Mit Jack stellte er Calumets erstes Schwimmteam zusammen. Die beiden verbrachten einen Teil ihrer Unterrichtstage damit, es zu trainieren, aber auch abends sahen sie sich oft. Claude nahm Jack in alle möglichen Restaurants und Klubs der Schwarzen wie den Pumpkin Room mit – und zu Veranstaltungen, wo er der einzige Weiße im Gebäude war. Jack hatte ähnliche Touren mit Frank unternommen, doch Claude führte ihn an Orte, die nicht einmal Frank kannte. Sobald Jack eintrat, musterten die Schwarzen ihn misstrauisch, woraufhin Claude einfach nur sagte: »Ist schon okay«, oder: »Er kommt mit mir«, und die fragenden Blicke wandten sich ab. So hatte Jack Zugang zu Lokalitäten, die ausschließlich Schwarzen vorbehalten waren.

Nach Monaten intensiven Kontakts, zahlreichen Abendessen und oft nächtelangen Gesprächen, bei denen sie Themen erörterten, die für beide auf jeder inneren Ebene am wichtigsten waren, fühlte Jack, dass er zu Claude eine tiefe Verbindung hergestellt und einen wahren Freund fürs Leben gefunden hatte.

Eines Morgens jedoch, als Jack im Lehrerzimmer gerade einen Kaffee trank, kam Claude auf ihn zu und sagte: »Es tut mir aufrichtig leid, Jack, aber ich kann nicht mehr dein Freund sein. Die Schwimmsaison ist ohnehin vorbei, also sollte das nicht allzu schwierig sein … Jedenfalls muss ich dich bitten, mich nicht weiter aufzusuchen und zu fragen, ob ich mit dir zu Abend esse oder nach dem Unterricht Zeit verbringe.«

Völlig geschockt erwiderte Jack: »Claude, zwischen uns besteht eine wunderbare Freundschaft. Was ist denn nur los?«

»Nichts ist los. Du weißt, wie stolz ich auf meine afroamerikanischen Wurzeln und mein geistiges Erbe bin. Nun, am Wochenende habe ich mich der Bewegung der Black Muslims angeschlossen, und meine schwarzen Brüder halten es für unpassend, dass ich weiterhin mit Weißen verkehre. Es geht nicht gegen dich persönlich, aber die Treue zu meiner Herkunft und meiner neuen Religion ist mir wichtiger als unsere Freundschaft«, erklärte Claude ebenso entschieden wie ungerührt.

»Das macht für mich keinen Sinn«, stammelte Jack.

»Für mich schon«, entgegnete Claude, stand auf und verschwand für immer aus Jacks Leben.

Jack war fassungslos. Er hatte geglaubt, den Rassismus zu durchschauen und selbst weit davon entfernt zu sein. Er war überzeugt, zu verstehen, was es heißt, diskriminiert zu werden. Aber erst als Claude ihn wegen seiner weißen Hautfarbe diskriminierte, erfuhr er am eigenen Leib, wie sich das anfühlt. Verstandesmäßig konnte er zwar begreifen, warum Claude ihn derart herabwürdigte, doch tief im Innern empfand er Verrat und Empörung. Er war nach wie vor Jack, hatte sich in keiner Weise verändert. Verurteilte ihn sein bester Freund allein deshalb, weil er ein Weißer war?

Die Lektion, die Jack in diesem Moment lernte, war ebenso schmerzlich wie wichtig. Deutlicher denn je kam ihm zu Bewusstsein, wie verheerend jede Art von Intoleranz ist. In späteren Jahren würde er ein feines Gespür dafür haben, dass das Gefühl des Ausgeschlossenseins Beziehungen verletzen und sogar zerstören kann. Letztlich bescherte ihm gerade diese Lektion einen wertvollen Vorteil, um als Mitglied der Goldenen Motorrad-Gang seinen Auftrag zu erfüllen.

6

DIE STONE FOUNDATION

Jeder trägt in sich eine gute Nachricht!
Sie lautet, dass man wirklich nicht weiß,
wie großartig man sein kann, wie sehr man
lieben kann, was man vollbringen kann
und welches Talent man hat!

Anne Frank

Manchmal zeitigt eine kleine Entscheidung bestimmte Ereignisse, die niemand hätte vorhersehen können. Jacks Entscheidung, sich mit Frank Broude anzufreunden, nachdem der ihn im Waschsalon auf der Blackstone Avenue am Südrand Chicagos bei der Lektüre unterbrochen hatte, löste mehrere Ereignisse aus, die ihn seiner Bestimmung, die Goldene Motorrad-Gang wieder zu vereinigen, immer näher brachten, ohne dass ihm dies bewusst gewesen wäre.

Zu Beginn ihrer Freundschaft erzählte ihm Frank von einer Vortragsreihe, der er am Kendall College im nicht weit entfernten Evanston beiwohnte. Unter der Bezeichnung *Living Philosopher Series* (Reihe lebender Philosophen) traten dort Redner auf wie Marshall McLuhan, der lehrte: »Das Medium ist die Botschaft.« Alan Watts sprach über die mystischen Kräfte der Zen-

Meditation, und Konstantinos Doxiadis, griechischer Architekt, Stadtplaner und Experte für eine humane Architektur, gewährte ebenso tiefe Einblicke in die eigene Ideenwelt wie etwa Virginia Satir, die berühmte Familientherapeutin. Einer der Vorträge, die Jack am meisten beeindruckten, stammte von Dr. Herbert Otto. Der Direktor des National Center for the Exploration of Human Potential in Los Angeles war Ende der Sechzigerjahre bereits als einer der Gründer der Human Potential Movement bekannt. Er vertrat die Auffassung, dass Menschen lediglich zehn Prozent ihres geistigen Potenzials nutzen, gab Beispiele, wie man unter den richtigen Bedingungen fünf oder mehr Fremdsprachen lernen oder überragende Fähigkeiten in Mathematik sowie in wissenschaftlichen und anderen Disziplinen entwickeln kann, die die meisten Pädagogen für übermenschlich halten. Jack war von dem Vortrag fasziniert und wandte sich danach an den Redner.

»Dr. Otto, Ihre Arbeit imponiert mir. Würde ich doch nur in Kalifornien leben, um mehr über Ihre Forschungen erfahren zu können«, bekannte Jack.

»Nun, ich weiß, dass Sie durch Ihr Studium an Chicago gebunden sind, aber vielleicht überlegen Sie sich mal, dort ein paar Veranstaltungen am Oasis Center zu besuchen. Dessen Seminare und Workshops dienen der vollen Entfaltung des menschlichen Potenzials. Oasis wird vom Versicherungsmagnaten W. Clement Stone finanziert, und zwar über die von ihm und seiner Frau Jessie gegründete Stone Foundation«, erklärte Dr. Otto.

»Also wenn Sie mir empfehlen, an diesen Workshops teilzunehmen, werde ich mich sofort dafür einschreiben«, erwiderte Jack begeistert.

»Gut. Wir alle stehen tief in Clement Stones Schuld. Dank der finanziellen Mittel aus seiner Stiftung kann Oasis einige der führenden Denker und Gruppenleiter aus jedem Bereich der Psychologie und der persönlichen Entwicklung engagieren. Sie werden Ihre Entscheidung niemals bereuen«, versicherte ihm Dr. Otto.

Und natürlich behielt er recht. Jack bereute keinen Augenblick, den er in den Oasis-Workshops verbrachte. Ein Jahr lang fuhr er beinahe jedes Wochenende dorthin und wurde mit jeder Art von Experten konfrontiert – ob für Selbsthypnose, humanistische Psychologie, Selbsthilfegruppen oder Gestalttherapie –, sowie mit Referenten, die gerade aus Esalen kamen, einem Retreat Center in Big Sur, Kalifornien, wo sie neue Methoden in Bezug auf Therapie, Motivation und Lernen entwickelten.

Danach, im Juni 1968, wurde Jack eine Ganztagsstelle an einem Job Corps Center in Clinton, Iowa, angeboten, das jungen Menschen half, durch eine kostenlose berufsbezogene Ausbildung ihre Lebensqualität zu verbessern.

Das Institut unterstand General Learning, einer von General Electric und Time Magazine gegründeten Vereinigung. General Learning verfolgte das Ziel, Lehrmethoden zu entwickeln, die neue technische Hilfsmittel wie Audiokassetten und Computer in den Unterricht integrierten.

Jack zögerte nicht und nahm die Stelle an, die zum großen Teil durch das staatliche Arbeitsministerium finanziert wurde. Das Gehalt betrug nur 8000 Dollar jährlich, aber Jack hatte im Rahmen seiner Tätigkeit die Möglichkeit, Beratern aus der ganzen Welt zu begegnen, die zu dem umgebauten Veterans Administration Hospital in Iowa reisen würden, wo ihn jetzt die neue Aufgabe erwartete. Mit grenzenloser Begeisterung und Energie stürzte er sich in dieses Bildungsprojekt.

Jack und seine Kollegen wollten wirklich etwas verändern, indem sie mit individuell abgestimmten Audioprogrammen leseschwachen Jugendlichen das Lesen beibrachten. Jack war die Stelle vor allem aufgrund seiner pädagogischen Erfahrungen in Chicago angeboten worden, wo er ein tiefes praxisorientiertes Verständnis dafür entwickelt hatte, ökonomisch und kulturell benachteiligte Schüler zu unterrichten. Er wusste, dass sie mehr brauchten als Hausaufgaben und täglich ein paar Minuten individuelle Betreuung, dass sie sich stärker engagieren und viel schneller Fortschritte erzielen würden, wenn man ein Lernprogramm entwickelte, das interaktiv war und zugleich vom Schüler selbst kontrolliert werden konnte.

Die Tätigkeit in Clinton war, gelinde gesagt, eine Herausforderung. Es ging unmittelbar darum, Schüler aus unterprivilegierten Schichten, die die Schule verlassen hatten oder von ihr verwiesen worden waren, auf ein Ausbildungsniveau zu bringen, mit dem man sie auf dem Arbeitsmarkt vermitteln konnte.

Meistens handelte es sich um junge Frauen schwarzafrikanischer, hispanischer, indianischer oder farbiger Herkunft. Alle diese Schülerinnen waren mit existenziellen Problemen konfrontiert. Manche hatten wegen ihrer Schwangerschaft die Ausbildung abgebrochen; andere waren mit dem Gesetz in Konflikt geraten oder einfach durchgefallen. Sie waren an schlechten Schulen gewesen und als Bürgerinnen zweiter Klasse behandelt worden. Der Job Corps brachte sie im obersten Stockwerk eines zweigeschossigen Gebäudes unter. Doch viele der in Indianerreservaten in South Dakota aufgewachsenen Mädchen waren noch nie im zweiten Stock eines Gebäudes gewesen und kannten Afroamerikaner nur vom Fernsehen, wo diese als Kriminelle porträtiert wurden. Eine derartige Mischung der Hautfarben sowie die Gegenwart eines weißen Lehrers aus West Virginia waren für sie ein echter »Kulturschock«.

Doch Jack war jung und motiviert und voller Tatendrang. Neben dem Unterricht bestand seine Aufgabe auch darin, den Lehrplan zu gestalten. Nicht wenige dieser jungen Frauen wollten Krankenschwestern werden oder sich für ähnliche Schulungsprogramme qualifizieren. Dafür war eine Lesefertigkeit erforderlich, die der zehnten Klasse entsprach, aber im Allgemeinen war sie bei Eintritt in das Job Corps Center auf dem Niveau der vierten Klasse. Durch ein äußerst innovatives Leseprogramm gelang es Jack und seinen Kollegen, die Lesefertigkeit in dem Maße zu verbessern, dass sich die Schülerinnen – auch mithilfe zusätzlicher Schulungsprogramme – für die nächsthöhere Ausbildungsstufe qualifizieren konnten.

Während seines Aufenthaltes in Clinton, nur etwa 150 Kilometer von Chicago entfernt, ging Jack mit einer schönen jungen Schwarzamerikanerin aus, die ebenfalls am Job Corps Center arbeitete. Dort lag der Anteil der schwarzen Bevölkerungsgruppe weitaus höher als in der Kleinstadt selbst, und so war es im Jahre 1968 noch immer ungewöhnlich, ein gemischtrassiges Paar zu sehen. Um den ständigen Blicken zu entfliehen und Möglichkeiten zur Freizeitgestaltung sowie auf kulturellem Gebiet zu nutzen, die Clinton ihnen nicht bieten konnte, fuhren die beiden übers Wochenende oft nach Chicago.

An einem dieser Wochenenden fand die Versammlung der Demokratischen Partei statt. Dort sprach Eugene McCarthy, der Präsidentschaftskandidat und Aktivist gegen den Vietnamkrieg, derweil in den Straßen zahlreiche Menschen für Protestmärsche zusammenströmten, an denen auch Jack und seine Freundin teilnahmen. Da sie abends in Clinton zurück sein mussten, verließen sie die Kundgebung gegen 17 Uhr. Auf der Heimfahrt sendete das Radio Meldungen über die Unruhen und den Polizeieinsatz, der kurz nach ihrem Aufbruch begonnen hatte. Jack war bereits die Vielzahl von Polizisten aufgefallen, allesamt mindestens ein Meter achtzig groß und finster dreinblickend, die die »Ordnung bewahrten« und Demonstranten davon abhielten, »außer Kontrolle zu geraten«.

Jack wusste nicht, was genau die Krawalle und dann die brutalen Reaktionen der Polizei ausgelöst hatte, aber als er sich zu Hause die Spätnachrichten im Fernsehen anschaute, erkannte er unter denen, die von der Polizei mit Schlagstöcken »kontrolliert« wurden, mehrere Freunde, die zu den friedlichsten und liebevollsten Menschen gehörten, denen er je begegnet war.

Obwohl Jacks Vater bei der Luftwaffe und sein Stiefvater Offizier bei der Marine gewesen war, hielt er die Fortsetzung des Vietnamkriegs für einen Fehler. Um diese Haltung, der sogar führende Vertreter des Militärs beipflichteten, deutlich zum Ausdruck zu bringen,

hatte er sich wie so viele andere den Protesten angeschlossen. Jack war geschockt über die Art und Weise,
wie Chicagos Bürgermeister Daley die Polizeigewalt
benutzte, um den Widerstand derjenigen zu brechen,
die ihr Recht auf Meinungsfreiheit ausübten, um sich
gegen eine in ihren Augen verfehlte Politik zu wehren.
Die Demonstranten waren jedoch keine Verräter, sondern loyale Anhänger der demokratischen Grundsätze
Amerikas.

Während Jack durch diese und ähnliche Erfahrungen zunehmend radikaler wurde, fand sein Engagement
im Job Corps Center ein abruptes Ende. Mit der Wahl
Richard Nixons zum Präsidenten im November 1968
änderte sich das staatliche Finanzierungsmodell, wodurch das Ausbildungsprogramm, in dem Jack lehrte,
in eine mehrere Hundert Kilometer entfernte Stadt ver-
legt wurde, die im Bezirk eines republikanischen Kon-
gressabgeordneten lag. Bei dem Umzug fiel Jacks Stelle
dem Rotstift zum Opfer, und er war sogleich ohne Be-
schäftigung.

Da Jack in Chicago unterrichtet und infolge seiner Teilnahme an den Oasis-Workshops mit der W. Clement
and Jessie V. Stone Foundation Kontakt aufgenommen
hatte, erhielt er von ihr das Angebot, Lehrer auszubilden – mit dem Ziel, bei Schülern den Drang nach
Lernen und Erfolg zu wecken. Der Vorsitzende der Stiftung eröffnete ihm, er könne während seiner Tätigkeit
als Angestellter weiterhin jede Art von Workshop oder
Schulungsprogramm seiner Wahl besuchen. Jack war
von der neuen Aufgabe begeistert und nutzte die Gele-

genheit, im ersten Beschäftigungsjahr annähernd zwanzig dieser Programme zu absolvieren.

Eine der Synchronizitäten in Jacks Leben bestand darin, dass sich sein Büro im gleichen Gebäude befand wie die Büros von W. Clement Stones *Success Magazine*. Zu jener Zeit war dessen Direktor Og Mandino berühmt für einige der am weitesten verbreiteten Bücher, die je zum Thema Verkaufsstrategie publiziert wurden. Mandino wollte Verkäufern, Managern und Unternehmern zu größerem Erfolg verhelfen.

Jack wiederum wollte unterprivilegierten Kindern helfen, ihrer gesellschaftlichen Benachteiligung entgegenzuwirken und ebenfalls besser abzuschneiden. Obwohl die Zielgruppen sich unterschieden, waren die Grundsätze und Methoden dieselben.

Mittlerweile war aus Jack ein liberaler Demokrat geworden, der danach strebte, Chancengleichheit für alle Amerikaner zu schaffen. Og Mandino und W. Clement Stone hingegen waren wichtige Fürsprecher der Republikaner und nach Jacks Auffassung Teil des konservativen Establishments, das Amerika beherrschte.

Es verwirrte ihn, dass Stone, ein Mitglied der wohlhabenden Elite des Landes, seine pädagogische Arbeit mit den ärmsten, äußerst ungerecht behandelten Bevölkerungsgruppen finanzierte und unterstützte. Gelegentlich sah er Stone mit Mandino und anderen leitenden Angestellten des Magazins plaudern; und als er ihm eines Tages allein gegenübertrat, musste er einfach das Wort ergreifen: »Mr Stone, ich weiß die Chance, die Sie mir gegeben haben, sehr zu schätzen, aber manchmal frage ich mich, wie Sie ein so großes Interesse daran haben können, die Erziehung von Leuten zu finanzieren, deren Grundsätze und Ziele sich von den Ihren radikal unterscheiden. Ich möchte Sie nicht kränken, doch wie bringen Sie Ihre eisernen republikanischen und konservativen Prinzipien in Einklang mit der Tatsache, dass Sie einen Liberalen wie mich hier arbeiten lassen?«

W. Clement Stone schmunzelte und erklärte: »Bei der Arbeit mit Menschen muss man sich darauf konzentrieren, wo die Interessen und Ziele sich überschneiden, nicht darauf, wo sie voneinander abweichen.«

Er nahm ein Blatt Papier und zeichnete darauf das folgende Diagramm:

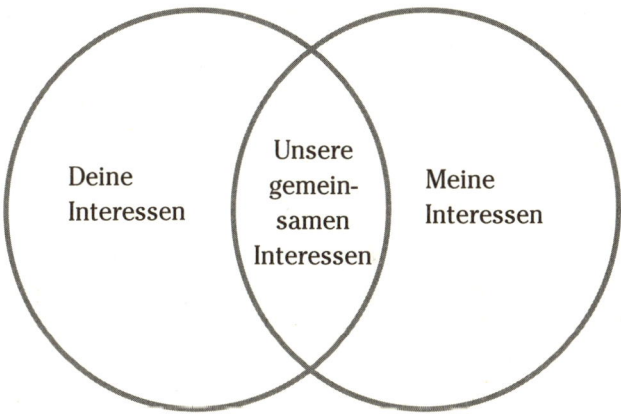

»Genauso wie Ihnen erscheint es auch mir wesentlich für die Entwicklung und das Wohl dieses großen Landes, dass wir *alle* Amerikaner unterrichten. Die Kinder in den Städten werden bessere Amerikaner sein, wenn sie eine gute Ausbildung haben. Ich möchte, dass sie lernen, für ihr Leben hundertprozentig die Verantwortung zu tragen, den Satz »Ich kann nicht« aus ihrem Vokabular streichen, sich mit ihren Stärken identifizieren, an ihre Träume glauben, kühne Ziele verfolgen, fest davon überzeugt, alles erreichen zu können, was sie sich wünschen, die dafür nötigen Maßnahmen ergreifen und niemals aufgeben. Und nach dem, was ich von Ihnen weiß, hegen Sie die gleiche Absicht. Konzentrieren wir uns also auf den Bereich, in dem sich unsere Ziele überschneiden, und darauf, was wir in dieser Richtung zusammen unternehmen können, statt uns über Punkte zu streiten, bei denen wir nicht übereinstimmen. Wenn Sie diesen Grundsatz in Ihrem Leben beherzigen, Jack, werden Sie mit den Menschen viel mehr Erfolg haben. Das weiß ich aus eigener Erfahrung.«

Mit diesen Worten stand W. Clement Stone auf, schüttelte Jacks Hand und verließ den Raum.

Jack war klar, dass er gerade von einem der größten Unternehmer und Philanthropen Amerikas eine besondere Lektion erhalten hatte. Er würde weitere Gespräche mit ihm führen und bei jeder dieser oft kurzen, zugleich aber stets gehaltvollen Begegnungen wichtige Einblicke gewinnen.

Nach gut einem Jahr wunderbarer Herausforderungen und Erfolge in der Stone Foundation kam Jack zu der Überzeugung, dass er dort alles gelernt hatte, was in seinen Möglichkeiten stand, und beschloss, die eigene akademische Ausbildung fortzusetzen. Er bewarb sich für das Doktorenprogramm im Fach Psychologische

Erziehung an der University of Massachusetts in Amherst und wurde aufgenommen. So konnte er bald weitere Kenntnisse erwerben, Methoden vervollkommnen und jene Einsichten vertiefen, die ihm gestatteten, mit der Goldenen Motorrad-Gang wieder in Verbindung zu treten.

7

DIE LICHTER IN MASSACHUSETTS

*Wenn du deinem Glück folgst, begibst du dich
auf eine Art Weg, der schon immer da war und
dich erwartet hat, und das Leben, das du führen
solltest, ist das Leben, das du gerade führst.
Wo immer du auch bist – wenn du deinem Glück
folgst, genießt du diese Erfrischung, dieses Leben
in dir, die ganze Zeit.*

Joseph Campbell

Jack war bereit, in eine ländliche Umgebung zurückzukehren. Er hatte Chicago sehr gemocht, aber tief im Herzen war er ein Kleinstadtjunge, der die Natur vorzog, die Nähe von Bäumen und Tieren und einen ruhigeren Lebensrhythmus. An der University of Massachusetts konnte er die idyllische Atmosphäre von Amherst genießen, zugleich aber auch ein hohes Niveau an intellektueller Aktivität und Selbstentfaltung, das er jetzt brauchte, um sich wirklich lebendig und schöpferisch zu fühlen. Da viele seiner Freunde von Harvard einschließlich mancher »peaceniks« und »hootenannys« in der Gegend wohnten, verfügte er über all das, was er in beiden Welten – hier Natur, dort Kultur – am meisten schätzte.

Jack hatte große Freude an den Lehrveranstaltungen und interessierte sich besonders für einen Kurs darüber, wie man Schüler motiviert. Einmal befragte der Professor die Studenten, was sie eigentlich dazu veranlasst habe, Lehrer zu werden: »Erinnern Sie sich an den ersten Moment, als Ihnen bewusst wurde, dass Sie Lehrer werden möchten. Empfinden Sie jenen Moment und schreiben Sie auf, inwieweit er Ihr Leben veränderte und Sie dazu brachte, die pädagogische Laufbahn einzuschlagen.«

Die anderen Studenten lieferten die üblichen Antworten ab, nicht aber Jack. Er schrieb über sein Gefühl, ein spirituelles Wesen zu sein, das mit anderen spirituellen Wesen auf goldenen Motorrädern das Universum durchquerte. Er war in Hochstimmung, bestaunte das Wunder der Schöpfung, als plötzlich ein kleiner blauer Planet seine Aufmerksamkeit erregte. Sofort kam ihm der Gedanke, dass dieser Planet in Schwierigkeiten steckte. Er wusste nicht, warum dem so war oder ob er helfen konnte, aber eine innere Stimme sagte ihm, er solle sich dort hinbegeben und der Sache auf den Grund gehen.

Als Jack den Blick auf die kleine blaue Kugel richtete, erkannte er, dass die Probleme auf ihr durch Ignoranz verursacht wurden. Die meisten Menschen hatten eine begrenzte Auffassung von der wahren Natur der Wirklichkeit. Sie waren gefangen in der Überzeugung, es gebe nicht genügend Ressourcen für alle und das Leben auf der Erde sei ein Nullsummenspiel, bei dem der Erfolg eines Individuums oder einer Gruppe auf Kosten anderer Individuen oder Gruppen ging. Als kosmisches Wesen begriff Jack, dass diese Denkweise verkehrt war.

In diesem Moment, da er sich als Mitglied der Goldenen Motorrad-Gang sah, wurde ihm bewusst, dass der Wunsch zu unterrichten für ihn sowohl eine geistige als auch eine berufliche Bestimmung war. Jack riss sich aus seinen Träumereien und gab die Hausarbeit ab. Kurz darauf attestierte ihm der Professor eine »reiche Fantasie«. Weder er noch Jack machten sich darüber weitere Gedanken. Es handelte sich lediglich um eine Vision, einen Tagtraum. Interessant, ja, aber keine Vorstellung, auf die man eine konkrete pädagogische Laufbahn gründen konnte. *Oder vielleicht doch?*

Jack widmete sich mit umso größerer Energie und Begeisterung den Studien und wurde allmählich zu einem echten Experten auf seinem Gebiet. Kommilitonen und Professoren waren gleichermaßen fasziniert von seinen Ideen, geführte Fantasiereisen sowie vielversprechende psychologische Methoden einzusetzen und damit den Lernprozess zu revolutionieren. Er erläuterte, wie wertvoll derartige Forschungen und Verfahrensweisen seien für den Unterricht – nicht nur mit Jugendlichen in städtischen Problemzonen, sondern mit jungen Menschen überhaupt und auch mit Erwachsenen.

So besann sich Jack insbesondere auf jene Qualität, an die er glaubte und die nach all seinen Erfahrungen am wichtigsten war, um Kindern das Lernen zu ermöglichen: Selbstachtung. Er hatte festgestellt, dass diejenigen, denen es daran fehlt, zu unsicher sind, um etwas zu riskieren, und deshalb oft scheitern oder sich selbst in Verlegenheit bringen. Solche Schüler bleiben dann höchstwahrscheinlich dem Unterricht fern oder vertreten den unseligen Standpunkt, Schularbeiten hätten in der »wirklichen Welt« keinerlei Bedeutung. Jack war der Überzeugung, dass viele dieser problematischen Haltungen und Reaktionen unter den Kindern aus benachteiligten Familien einen Mangel an Selbstachtung verschleiern.

Seiner Auffassung nach waren junge Menschen, die sich in ihrer Umgebung unwohl fühlen und den Wert der Lektionen für sie selbst und ihre Zukunft nicht erkennen, kaum imstande, etwas zu lernen. Ihnen beizubringen, nicht nur im Klassenzimmer Selbstachtung zu haben, sondern auch hinsichtlich ihrer Motivation, den eigenen Horizont so weit wie möglich zu erweitern, wäre für sie von größtem Nutzen.

Jacks deutliches Gespür für gruppendynamische Prozesse im Klassenzimmer verhalf ihm an der Schule, an der er unterrichtete, zu der Einsicht, dass Lernen – genauso wie ein Trend – ansteckend sein kann. Höhere Selbstachtung und verbesserte Lernfähigkeit bewirkten gerade bei seinen problematischsten Schülern eine Steigerung und hoben zugleich das Leistungsniveau aller anderen, auch wenn sie keinerlei Motivationsschwierigkeiten hatten.

Jack begann mit den Forschungen für seine Doktorarbeit über den Zusammenhang zwischen Selbstbild und Leistung bei Schülern, merkte aber bald, dass diese Informationen von Lehrern so dringend gebraucht wurden, dass er seine Ergebnisse in einem ersten Buch mit dem Titel *100 Ways to Enhance Self-Concept in the Classroom* (100 Möglichkeiten, das Selbstbild des Schülers zu verbessern) zusammenfasste. Als Koautor fungierte Dr. Harold Wells.

Ungeachtet des akademisch klingenden Titels fand das Buch in ganz unterschiedlichen Leserschichten großen Anklang. Kurze Zeit später waren bereits über 400 000 Exemplare verkauft, und zum ersten Mal besaß Jack zusätzliches Geld, das er ausgeben konnte.

Vor allem aber weckte die Lektüre bei vielen Lesern das Interesse an seiner Tätigkeit als Berater und Coach für Lehrer. Jack war begeistert, immer mehr Zeit mit diesen Aktivitäten zu verbringen und – gemessen an seiner Arbeit für das Job Corps Center oder die Stone Foundation – das Drei- bis Vierfache pro Stunde zu verdienen.

Während er weiter Material für seine Beratertätigkeit sammelte, lernte er eine junge Psychologin namens Judy kennen, die bei Fritz Perls studiert hatte, einem der Begründer der Gestalttherapie. Daraufhin bezog er diese Therapieform in seine eigenen Forschungen mit ein, und ehe er sichs versah, hatten er und Judy sich ineinander verliebt.

Judy war voller Energie und Idealismus. Sie hielt Jack für einen der brillantesten Männer, denen sie je begegnet war, und ermunterte ihn, seine Beratertätigkeit auszudehnen. Da er sich hauptsächlich auf diese konzentrierte, war er weniger motiviert, die letzten Anforderungen für seine Promotion zu erfüllen. Er hatte eine der Lektionen beherzigt, die ihm durch W. Clement Stone zuteilgeworden war. Jack konnte sich an ihre damalige Unterhaltung lebhaft erinnern.

Der Unternehmer und Philanthrop hatte ihn gefragt, ob er hundertprozentig die Verantwortung für sein Leben übernehme, worauf Jack erwiderte: »Ich glaube schon.«

»Das ist eine Ja-oder-Nein-Frage, junger Mann. Entweder Sie tun es oder nicht.«

»Nun, ich bin mir wohl nicht ganz sicher.«

»Haben Sie je irgendjemanden für Ihre Lebensumstände verantwortlich gemacht? Haben Sie sich je über etwas beklagt?«

»Uh, ja ... vermutlich.«

»Keine Vermutungen, denken Sie genau nach.«

»Ja, habe ich.«

»Okay. Das heißt, Sie übernehmen nicht hundertprozentig die Verantwortung für Ihr Leben. Erst wenn Sie dies tun und erkennen, dass allein Sie die Umstände für Ihre Vergangenheit und Ihre Gegenwart herbeigeführt haben und die Fähigkeit besitzen, die Umstände für Ihre Zukunft herbeizuführen, wird sich wahrer Erfolg einstellen. Begreifen Sie das?«

»Ja, Sir, in der Tat.«

Jack war fest davon überzeugt, die Umstände für ein wunderbares Leben mit Judy an seiner Seite herbeiführen zu können. Die beiden heirateten im Mai 1972, und Jack ließ sich vom Doktorenprogramm freistellen. Er etablierte sich als wichtigster Experte auf seinem Gebiet und sah keine Notwendigkeit für die offizielle Anerkennung durch den Doktorgrad, um die Beratertätigkeit fortzusetzen. Judy unterstützte seine Entscheidung, und obwohl sie nicht aus einer wohlhabenden Familie stammte, verfügte sie doch über einen kleinen Treuhandfonds, der ihnen ermöglichte, ein Retreat Center zu gründen, das sogenannte New England Center for Personal and Organizational Development, in dem sie als Berater wirken konnten. Und während Judy Gruppen in Gestalttherapie leitete, konzentrierte sich Jack darauf, Lehrern und anderen Personen aus dem ganzen Land jene Methoden beizubringen, die er in seinem Buch entwickelt hatte.

Unterdessen verfolgte Jack seine Forschungsarbeit weiter und dehnte sie auf sämtliche Bereiche der Psychologie aus. Bald hatten er und Judy zwei Kinder, Oran und Kyle. Das New England Center ermöglichte ihm über fünf Jahre lang, die Rolle des Vaters mit der des Brotverdieners harmonisch zu vereinen. Dann verspürte er jedoch den Wunsch, mit seiner Botschaft mehr Menschen zu erreichen; außerdem wurde ihm wie auch Judy bewusst, dass sie nicht für eine lebenslange Ehe geschaffen waren.

Jack hatte allmählich begriffen, dass sein bisheriger Erfolg wie auch seine Vision für die Zukunft in hohem Maße von der Verbindung mit den richtigen Menschen zum richtigen Zeitpunkt abhingen – von einer Synchronizität, dank deren ihre Wege sich kreuzten. Dass es manchmal aber notwendig ist, sich von denen zu trennen, die andere Wege gehen, so schmerzlich dies auch sein mag. Also übernahm er die volle Verantwortung für die unglückliche Stimmung, die von seinem und Judys Leben Besitz ergriffen hatte – mit der Folge, dass die beiden 1977 geschieden wurden.

Jack überlegte, was als Nächstes zu tun sei. Er hatte stets auf die Zeichen geachtet, die ihm im Rahmen seiner Forschungen durch Workshops und Vorträge übermittelt worden waren. Bei einem dieser Workshops, den Jean Houston im nördlichen Teil des Staates New York durchführte, wurden er und die übrigen Teilnehmer angeleitet, eine neue Sprache zu erfinden und dann, ohne nachzudenken, ein Gedicht in dieser Sprache zu schreiben. Anschließend sollten sie es so schnell wie möglich ins Englische übersetzen. Als jeder aufgefordert wurde, sein Gedicht vorzutragen, stellte sich heraus, dass es in den meisten Fällen einfach und gefühlvoll war – nicht jedoch das von Jack. Es glich einem russischen Heldengedicht über einen General, der seine riesige Armee durch die Steppe führte, das Ziel einer großen Eroberung vor Augen. Selbst Jack war ein bisschen verblüfft über die Reichweite seiner Verse.

Bei einer weiteren Übung sollten die Teilnehmer einen Krümel Erde schlucken und sich vorstellen, was daraus wachsen könnte. Fast jeder sah zarte Blumen oder kleine Blätter hervorsprießen, Jack hingegen einen immer größer werdenden Bambuswald, der rasch die ganze Welt bedeckte und dann seine Wurzeln in Richtung Mond ausbreitete.

Er befürchtete, seine Visionen hätten vielleicht etwas Egomanes, und sprach darüber mit Jean, die ihn jedoch beruhigte: »Es ist kein Größenwahn, der solch atemberaubende Visionen in dir hervorruft, sondern die Tatsache, dass du im Gegensatz zu den anderen wirklich ein großes Schicksal vor dir hast. Was immer deine Arbeit kennzeichnet – sie ist dazu bestimmt, in jeden Winkel der Erde vorzudringen.«

Diese Reaktion erleichterte Jack, regte ihn aber auch an, noch einmal darüber nachzudenken, ob er sich weiterhin hauptsächlich auf sein bescheidenes New England Center beschränken solle – und wie es ihm gelänge, mit seiner Arbeit »in jeden Winkel der Erde vorzudringen«. Jedenfalls veränderte sich sein Leben in vielfacher Weise. 1978 heiratete er eine wunderbare Frau namens Georgia, die ihn in seinem Wunsch, mehr Menschen zu erreichen und neue Herausforderungen anzunehmen, voll unterstützte. Er gelangte allmählich zu der Einsicht, das Center entweder verkaufen oder schließen und sich umorientieren zu müssen, denn nur so hätte er die Möglichkeit, eine größere Gruppe von Lehrern und Führungskräften für seine Ideen zu begeistern.

Über den nächsten Schritt war er sich nicht ganz im Klaren, doch als man ihm eine Stelle in Kalifornien anbot, verkaufte er – mit Georgias Beistand – das Anwesen in Massachusetts und schloss das Center. Er kam der Erfüllung seines Schicksals immer näher.

8

KALIFORNISCHE TRÄUME

Meditation gibt einem die Gelegenheit,
das unsichtbare Selbst kennenzulernen.
Sie ermöglicht, sich der endlosen
Hyperaktivität des Geistes zu entledigen
und den Zustand der Ruhe zu erreichen.
Sie lehrt, friedlich zu sein, Stress zu
beseitigen und in jenen Bereichen
Antworten zu empfangen, in denen vorher
Verwirrung herrschte.

Dr. Wayne W. Dyer

Man schrieb das Jahr 1984, und Kalifornien war hip. Apple Computer, Hewlett Packard, Intel und andere erfolgreiche Firmen zogen weitere Hightechunternehmen ins Silicon Valley und veränderten Kalifornien. Die Wirtschaft des Bundesstaates boomte, und überall eröffneten sich bislang ungeahnte Möglichkeiten.

Jack begann seine Tätigkeit bei Insight Training Seminars am Westrand von Los Angeles, nahe dem Strand in Santa Monica. Jede Woche leitete er dort Seminare für Hunderte von Menschen, weitaus mehr als in seinem kleinen Zentrum in Massachusetts. Darüber hinaus reiste er quer durchs Land, um Workshops über

Selbstachtung durchzuführen. St. Louis, Philadelphia, Miami, Boston, Washington D.C., San Diego und San Francisco – all das waren Stationen auf seiner regelmäßigen Tour, organisiert von Insight Training Seminars.

Er begegnete den Leitfiguren der Human Potential Movement, nebst John Roger, dem Gründer von Insight, unter anderem Werner Erhard, Gründer von EST (Erhard Seminars Training), Dr. Carl Rogers, Will Schutz, Peter McWilliams, Dr. Gerald Jampolsky, Dr. Barbara De Angelis und Dr. John Gray, der später mit seinem Buch *Men Are From Mars, Women Are From Venus* (Männer sind vom Mars, Frauen von der Venus) weltberühmt wurde.

Außerdem lernte er Marilyn Ferguson kennen, deren Werk *The Aquarian Conspiracy* (Die sanfte Revolution: Gelebte Visionen für eine menschlichere Welt) auf den ersten Platz der *New York Times*-Bestsellerliste gelangte und deutlich machte, dass New Age und kalifornische Trends jetzt dem ganzen Land und bald auch der Welt die gesellschaftspolitische Richtung vorgaben.

Jack blühte förmlich auf und erkannte, dass er im Leben der Pädagogen und Führungskräfte einen echten Unterschied bewirken konnte, wenn er ihnen beibrachte, die Selbstachtung zu steigern – nicht nur bei ihren Schülern und Kollegen, sondern auch bei sich selbst.

Während er immer größere Erfolge erzielte, bot sich ihm des Öfteren die Gelegenheit, weniger prominente, doch ebenfalls wichtige Denker der Human Potential Movement zu treffen. Mit dem ihm eigenen Gespür für sein persönliches Schicksal wie für den Sinn des Daseins überhaupt nahm er in sich eine neue Art von geistigem Erwachen wahr. Er fühlte, wenngleich noch undeutlich, eine immer tiefere Verbindung zur Menschheit im Ganzen.

Dieser Mangel an Klarheit verschwand an dem Tag, als er Stewart Emery in seinem Büro in Tiburon besuchte, das direkt hinter der Golden Gate Bridge an der Bucht von San Francisco liegt.

Jack hatte einige Jahre zuvor in Boston, Massachusetts, an Stewarts Selbstverwirklichungstraining teilgenommen. Stewart war in seinen Lehren ein Pionier, und gerade deshalb fand Jack sein Programm wirkungsvoller als jedes andere der Human Potential Movement, in das er tiefer eingedrungen war. Sorgfältig hatte er alles vorbereitet, um mit ihm unter vier Augen zu sprechen – und zwar genau in der Phase seiner persönlichen und beruflichen Entwicklung, da er der Überzeugung war, von Stewarts ebenso klugen wie praxisbezogenen Einsichten am meisten profitieren zu können. Sein Gesprächspartner wusste, wie man das Potenzial des Klienten aktiviert, damit er positive Maßnahmen ergreift und auf diese Weise nachhaltige Veränderungen im individuellen, gesellschaftlichen und organisatorischen Bereich herbeiführt.

Als Jack zur Unterredung eintraf, wurde er gebeten, zunächst in Stewarts Privatraum Platz zu nehmen. Nie war er an einem solchen Zen-Ort gewesen. Er saß vor einem Schreibtisch ohne irgendeinen Gegenstand. Daneben stand eine Anrichte, die – abgesehen vom Telefon – ebenfalls leer war. Und an der Wand hing das imposante Gemälde eines Löwen.

Einige Minuten später trat Stewart ein, schüttelte ihm die Hand und setzte sich hinter den Schreibtisch. Er lächelte Jack zu und fragte: »Was kann ich für Sie tun?«

Jack stellte den Blickkontakt her, brachte aber kein Wort heraus. Er wandte den Blick ab, richtete ihn dann wieder auf Stewart, konnte aber immer noch nicht sprechen. Nach einem erneuten Wegschauen fixierte er ihn, Auge in Auge. Das Schweigen zwischen ihnen schien mehrere lange Minuten anzudauern.

Jack hatte keine Ahnung, was da geschah.

Stewart lächelte nur sanft und behielt den Augenkontakt bei, bis Jack schließlich imstande war, die Stimme zu erheben: »Ich weiß nicht, was gerade passiert, aber ich vermag kaum zu sprechen. Es ist, als hätte der ganze Raum sich ausgedehnt, doch ich kann keinen Gedanken fassen und empfange lediglich Bilder und Ideen in einem endlosen Strom von Bildern und Gedanken.«

»Nun, genau das passiert gerade«, erklärte Stewart. »In der jetzigen Phase meines Lebens bin ich auf einer sehr hohen Bewusstseinsebene. Während Sie hier sitzen, reagiert Ihr Bewusstsein auf den Raum, den ich schaffe. Die letzten Jahre ging es bei meiner Arbeit vor allem darum, Raum zu schaffen und aufrechtzuerhalten für Schüler und Klienten, damit sie ihn erfahren und in ihr eigenes höheres Bewusstsein aufnehmen. Sobald Sie in diesen Raum vordringen, sind Sie imstande zu sprechen. Nehmen Sie sich einfach Zeit. Wir können sprechen oder auch nicht, je nachdem, was Ihnen behagt.«

Nach einer Weile konnte sich Jack auf die empfangenen Bilder und Gedanken besinnen und seinem Gegenüber davon berichten.

»Sie besitzen die außergewöhnliche Gabe, sehr schnell Zugang zu finden zu dem, was ich lehren kann«, erwiderte Stewart mit seiner einzigartigen Ruhe, seinem untrüglichen Gespür für inneres Wissen.

Von diesem Moment an war Jack nie mehr so wie vorher. Nun spiegelte seine Arbeit jene umfassendere Bewusstheit wider, die er in allen Tätigkeiten fühlte.

Viele Jahre lang blieb er mit Stewart Emery in Verbindung; durch den geistigen Austausch mit ihm wurde er allmählich an die Euphorie erinnert, auf seinem goldenen Motorrad das Universum zu durchqueren, und auch an den Grund, warum er sich als Mensch verkörpert hatte.

Jack meditierte immer regelmäßiger, und dabei dehnte sich sein Bewusstsein noch weiter aus. Während einer dieser Meditationen sah er Stewart auf einem silbernen Motorrad fahren, begleitet von der eigenen Gang. Als er Stewart über dieses Bild befragte, zwinkerte der ihm zu und sagte: »Ja, meine Generation war die Silberne Motorrad-Gang. Wir empfingen die Botschaft, den Raum so lange aufrechtzuerhalten, bis die Goldene Motorrad-Gang bereit sei. Du bist der Erste, der eintrifft, und ich bin genauso wie jedes andere Mitglied dazu da, dir beizustehen. Eines sollst du begreifen: Nicht alle aus meiner Gang wissen, dass sie ihr angehören, aber ungeachtet dessen können sie dir Hilfe leisten. Wie gut, dass du endlich erkannt hast, wer du wirklich bist. Es gibt viel zu tun.«

9

VON SILBER ZU GOLD

Gott erschuf den Menschen,
weil er Geschichten liebt.
Elie Wiesel

Kurz nach seinen außergewöhnlichen Unterredungen mit Stewart ereigneten sich in Jacks Leben seltsame Koinzidenzen und Synchronizitäten.

Im Flugzeug unterwegs zu einem Workshop oder Coaching saß neben ihm jemand, der mit seiner Arbeit oder seinem Lebenszweck in Beziehung stand. Oder auf einer Tagung kam eine Person völlig unerwartet auf ihn zu und fragte, ob er sie zum Mittagessen begleiten wolle.

Einige dieser »zufälligen« Begegnungen brachten ihn mit Leuten zusammen, die älter waren als er und weise Einsichten zu vermitteln hatten. Manchmal war sich Jack fast sicher, dass sie Stewarts Silberner Motorrad-Gang angehörten, wagte aber nie, danach zu fragen. Eigentlich erschien ihm die Vorstellung von der Silbernen und der Goldenen Motorrad-Gang immer noch ein wenig unglaubhaft – außer in jenen Momenten, da er von der mystischen Aura seiner Meditationen umgeben oder mit Stewart ins Gespräch vertieft war.

Durch Arbeit und Reisen hatte Jack die Möglichkeit, mehr Zeit mit führenden Denkern und Wissenschaftlern wie etwa John Lilly zu verbringen, der auf dem Gebiet der Kommunikation mit Delfinen ein Pionier war. Dessen Tätigkeit zog ihn ebenso unmittelbar an wie der Grundsatz, dass Tiere intelligente Lebewesen sind und menschlichen Respekt verdienen. Seit jeher lehnte er es strikt ab, irgendeinem Geschöpf Leid zuzufügen. Schon als junger Mann war er – zumal im Sport – stolz auf seine Fähigkeit gewesen, Spiele zu gewinnen oder Ziele zu erreichen, ohne andere zu verletzen oder Gewalt anzuwenden. Sein Erfolg beruhte auf körperlicher und geistiger Beweglichkeit, dank deren er die Konkurrenten ausstach.

Obwohl Jack als Insight-Coach herrliche Triumphe feierte, regte sich in ihm das Gefühl, das Schicksal habe mehr mit ihm vor. Wenn er nicht selbst Kurse gab, besuchte er so viele Workshops wie möglich, um sich weiterzuentwickeln. In einem davon, den John Gray und Barbara de Angelis leiteten, ging es um Selbstachtung und Partnerbeziehung. Die Übung, die Jack am meisten beeindruckte, hieß »Total Truth Process« (das Herausfinden der ganzen Wahrheit). Dabei wurde ihm die Wahrheit seiner Situation bewusst, nämlich dass er sich tief im Innern nach einer eigenen Coaching-Firma sehnte, statt nur für Insight Training Seminars zu arbeiten. Zwar tat es ihm gut, zu unterrichten und die sieben verschiedenen Workshops durchzuführen, aber lediglich zwei davon orientierten sich an dem Lehrplan, den er allein oder zusammen mit jemand anderem erstellt hatte. Er suchte die Herausforderung, *seine* Methoden anzuwenden, zu experimentieren, die Grenzen des Lehrstoffs weiter hinauszuschieben und dafür die Früchte zu ernten. Er wollte wieder Kapitän auf *seinem* Schiff sein.

Gestärkt durch diesen Workshop wie auch durch seine neue, von Stewart inspirierte Gelöstheit, die ihn empfänglich machte für die Botschaften der inneren Stimme, traf Jack die Entscheidung, Insight zu verlassen und seine eigene Coaching-Firma zu gründen. Zum Start musste er sich 10 000 Dollar von seiner Schwiegermutter leihen, versprach aber, schon im ersten Monat Gewinne zu erzielen; wenn nicht, würde er das Geschäft aufgeben.

Jack sah sich noch immer als den Jungen aus einer Kleinstadt in West Virginia, und erst durch die Erfahrung im Total Truth Process konnte er sich eingestehen, dass ihn bisher tatsächlich nur die Angst zurückgehalten hatte. Er war sich bewusst, dass er imstande war, Gruppen mit mehreren Hundert Personen erfolgreich zu unterweisen, hatte sich aber noch nicht bereit gefühlt für den Versuch, seinen wahren Traum zu verwirklichen und sein eigenes Trainingsprogramm für große Gruppen durchzuführen. Zunächst musste ihm klar werden, dass er willens war, auf Sicherheit zu verzichten und die bei Insight empfangenen Botschaften anzuerkennen, dann konnte er den Wunsch ins Auge fassen, *haargenau* das zu tun, was er wollte. Ja, es war lediglich die Angst vor den geschäftlichen Erfordernissen eines Coaching-Unternehmens gewesen, die ihn gehemmt hatte. Doch als er diese Angst überwand, stieg er auf wie ein Adler.

Jacks Karriere ging steil nach oben. Sein Jahreseinkommen stieg sprunghaft von 38 000 auf 140 000 Dollar.

Er brauchte sich nicht mehr darum zu kümmern, die bloßen Grundbedürfnisse zu stillen. Voller Energie setzte er die innere Arbeit fort, wie Stewart es ihm beigebracht hatte, um sein eigentliches Lebensziel zu erreichen.

Auf seinem Weg begegnete er gleichaltrigen oder jüngeren Menschen, bei denen er das Gefühl hatte, dass sie Teil seiner Mission waren. So traf Jack Mitte der 1980er-Jahre auch Mark Victor Hansen.

Mark war Motivationstrainer und Unternehmer, der Leuten half, ihre persönliche und berufliche Leistungsfähigkeit zu steigern. Mark hatte viele Jahre bei Buckminster Fuller studiert und erfahren, welch verblüffendes Potenzial jeder Mensch besitzt, das »Buck« in all seinen Sitzungen deutlich hervorhob. Mark lebte in dieser Ideenwelt und fand immer eine Möglichkeit, andere zu unterstützen, damit sie ihrer Arbeit oder ihren Visionen eine größere Bedeutung und einen höheren Wirkungsgrad verleihen konnten.

Während eines Frühstücks im Jahre 1991 erzählte ihm Jack, er sei gerade dabei, ein Buch mit Erfahrungsberichten zusammenzustellen, die Menschen inspirieren sollten, in jedem Bereich ihr ganzes inneres Potenzial zu entfalten. Jack benutzte diese wahren Geschichten oft im Rahmen seiner Coachings und Workshops.

Hinterher, manchmal aber auch erst Wochen später, kamen die Teilnehmer zu ihm und sagten, wie unvergesslich oder anregend eine bestimmte Story für sie gewesen sei. Außerdem fragten sie Jack, ob er vorhabe, diese Geschichten in einem Buch zu vereinen, das sie kaufen könnten. Sie wollten die Inhalte mit ihren Kindern, Angestellten oder Kirchengruppen teilen. Nachdem in weniger als einer Woche sechs oder sieben Personen ihr Anliegen vorgebracht hatten, war Jack klar, dass er aus dem Material unbedingt ein Buch machen musste.

Die Geschichten dienten ihm in seinen Workshops über Selbstachtung und Spitzenleistung, die Grundsätze der Liebe, der Versöhnlichkeit, der Bejahung, der Zielsetzung, der Handlungsfähigkeit und der Ausdauer zu lehren. Er hatte bereits siebzig davon gesammelt und war nun bereit, das Manuskript einigen Verlegern anzubieten.

Mark hielt die Idee des Buches für großartig, nicht zuletzt deshalb, weil er selbst in vielen seiner Vorträge ähnliche Geschichten heranzog.

»Jack, ich mag dein Konzept sehr und wäre beglückt, weitere dreißig oder besser einunddreißig Geschichten beitragen zu können. So würde das Buch nämlich insgesamt 101 Geschichten enthalten. Während meiner höheren Fachsemester hab ich ein Jahr in Indien studiert und gearbeitet, wo man mir erklärte, dass 101 die Zahl der Erfüllung ist. Daher meine ich, dass sie auch die ideale Zahl für die Geschichten im Buch wäre. Könntest du dir vorstellen, mich als Koautor dabeizuhaben?«

Jack überlegte kurz und kam dann zu der Überzeugung, dass dieses Buch dank Marks Begeisterung und Beistand nur besser werden konnte und mit seiner Kenntnis in Marketing und Verkauf letztlich mehr Menschen erreichen würde.

»Okay, klingt wunderbar. Ich schicke dir meine Geschichten zum Lesen und du schickst mir deine, dann werden wir die Sache so bald wie möglich zum Abschluss bringen.«

So bald wie möglich bedeutet im Verlagswesen oft eine Zeitspanne von etwa zwei Jahren. Obwohl Jack und Mark nicht so lange brauchten, um das Buch fertigzustellen, dauerte es doch fast zwei Jahre, bis sich ein Verleger bereit erklärte, in das Projekt zu investieren.

10

EIN VERBLÜFFENDER TRAUM

Stürz siebenmal, steh achtmal wieder auf.
Japanisches Sprichwort

Jack und Mark stellten mühelos die 101 Geschichten für ihr Buch zusammen, hatten aber noch keinen Titel dafür. Seit der Begegnung mit Stewart Emery hatte Jack jeden Morgen Meditation und Yoga praktiziert und gelernt, den Ideen zu vertrauen, die ihm in diesem Zustand kamen; also beschloss er, eine ganze Woche die erste Morgenstunde in Meditation nur damit zu verbringen, sich einen passenden Titel für die Geschichten auszudenken. Mark versprach, das Gleiche zu tun. Doch in den ersten drei Tagen wurde keiner von beiden fündig.

Am vierten Morgen erwachte Jack aus einem lebhaften Traum.

Darin war ihm eine breite grüne Tafel erschienen, ähnlich jener, die er während seiner Unterrichtsjahre in Chicago benutzt hatte. Als er sie betrachtete, sah er, wie eine große Hand in stattlichen gelben Lettern darauf die Wörter *Chicken Soup* (Hühnersuppe) schrieb.

Zunächst wusste Jack nicht, was er davon halten sollte. *Was hat Hühnersuppe mit unserem Buch zu tun?,* dachte er. Eine Stimme, seiner Meinung nach die von Gott, antwortete: »In der Kindheit gab dir deine Großmutter Hühnersuppe zu essen, wenn du krank warst.«

»Aber das ist kein Buch über kranke Menschen«, erwiderte Jack.

»O doch«, sprach die Stimme. »Der Geist der Menschen ist krank. Sie sind verängstigt und haben sich damit abgefunden, ein Leben in stiller Verzweiflung zu führen. Dein Buch wird ihnen helfen, den Geist zu heben und zu heilen. Du versorgst sie mit Medizin, die ihre Seelen wieder gesund macht.«

Jack bekam eine Gänsehaut, als ihm bewusst wurde, dass CHICKEN SOUP FOR THE SOUL (Hühnersuppe für die Seele) tatsächlich der perfekte Titel für das Buch war.

Er weckte seine Frau Georgia und teilte ihr diese Entdeckung mit, woraufhin auch sie sofort eine Gänsehaut bekam und versicherte: »Das ist der perfekte Titel für dein Buch.«

Jack rief Mark an, der ebenfalls eine Gänsehaut bekam. Sie verständigten ihren Literaturagenten Jeff Herman, und auch er bekam eine Gänsehaut. Alle Beteiligten waren sicher, den idealen Titel gefunden zu haben. Zusammen entwarfen sie den Untertitel: *101 Stories to Open the Heart and Rekindle the Spirit* (Geschichten, die das Herz erwärmen), und boten das Manuskript vierzig führenden Verlagen an.

Offenbar bekam jedoch keiner der Verleger oder Lektoren ebenso eine Gänsehaut. Das Projekt wurde überall abgelehnt. Nachdem Jeff erklärt hatte, keine weiteren Verleger zu kennen, denen er es vorschlagen könnte, gewöhnten sich Jack und Mark allmählich an die Vorstellung, das Buch selbst oder auch in einem Kleinverlag herauszubringen.

1992 war es noch nicht so üblich wie heute, Bücher in Eigenregie zu veröffentlichen. Während Jack weiterhin nach einem geeigneten Kleinverlag suchte, der ihm dabei behilflich wäre, erwähnte ein Freund ihm gegenüber, dass die American Booksellers Association (Amerikanische Vereinigung unabhängiger Buchhändler) in einigen Wochen ihre jährliche Tagung in Anaheim, Kalifornien, abhalten werde und dass Autoren Eintrittskarten kaufen konnten, um die Bücherstände der mehr als 400 Verlage zu besuchen.

Jack und Mark sprachen darüber und erachteten es als durchaus lohnenswert, zu dieser Messe zu fahren und zu sehen, ob sie dort mit einem Verleger oder Lektor direkt in Verbindung treten konnten. Sie fertigten einige Dutzend spiralgebundene Kopien der besten dreißig Geschichten an, steckten sie in einen Rucksack und beschritten schließlich die Flure des Tagungszentrums in Anaheim.

Ungeachtet des persönlichen Kontakts waren nur wenige Lektoren bereit, ihr Manuskript überhaupt entgegenzunehmen. Man teilte ihnen mit, Sammelbände würden sich nicht verkaufen – schon gar nicht von Autoren, die sowohl den Buchhändlern wie der breiten Öffentlichkeit kaum bekannt seien.

Am letzten Tag entdeckte Jack den Stand von Health Communications (HCI), einem kleinen Verlag mit Sitz in Deerfield Beach, Florida. Peter Vegso, der Verleger und Eigentümer des Verlages, war Jack schon einmal bei einem Workshop begegnet, den dieser einige Jahre vorher im Rahmen einer Tagung über Selbstachtung durchgeführt hatte, an der Peter teilnahm. Er begrüßte Jack, und nach einigen Höflichkeitsfloskeln präsentierte der ihm eine Kopie des Manuskripts.

»Normalerweise würde ich das nicht lesen«, sagte Peter, seinem Gegenüber direkt in die Augen blickend, »aber ich kenne Sie und weiß, wie die Leute reagieren, wenn Sie mit ihnen sprechen. Also werde ich meinen Partner Gary Seidler bitten, die Texte zu begutachten, und sehen, was er darüber denkt. Tatsache ist, dass unser Kerngeschäft mit Publikationen zur inneren Heilung im letzten Jahr rückläufig war und dass wir neue Arten von Büchern brauchen.«

Nach der Tagung, als lediglich HCI Interesse an dem Manuskript gezeigt hatte, traf Jack sich mit Mark; sie suchten weiter nach Möglichkeiten, es selbst zu veröffentlichen.

Eine Woche später, glücklicherweise kurz bevor Mark mit einem Drucker handelseinig wurde, erhielt Jack zu seiner großen Überraschung einen Anruf von Peter, der völlig begeistert war.

»Ich habe nicht erwartet, dass Gary Ihr Buch mögen würde, aber er kam gerade vom Strand zurück, wo er meistens hingeht, um neue Manuskripte zu lesen. Und wissen Sie was, er sagte mir, er habe bei der Lektüre geweint. Er liebt Geschichten und möchte, dass wir Ihnen einen Vertrag anbieten. Auch ich habe ein paar davon gelesen und kann verstehen, warum er derart bewegt war.«

»Großartig. Lassen Sie mich mit Mark sprechen. Und schicken Sie mir gleich den Vertrag zu, wir werden schnell eine Entscheidung treffen«, sagte Jack, entzückt darüber, dass endlich ein Verleger die Qualität und die Stärke ihres Buches erkannte.

Nach Erhalt des Vertrages waren Jack und Mark enttäuscht, weil es keinen Vorschuss gab. Und außerdem mussten sie feststellen, dass die Erstauflage nur 5000 Exemplare betrug. Sie drängten auf eine höhere Auflage mit dem Hinweis, beide würden durchs ganze Land reisen und für das Buch werben, doch Peter gab nicht nach. Erst als sie garantierten, jedes unverkaufte Exemplar zu erwerben, erhöhte HCI die Erstauflage auf 20000 Exemplare.

Die Verbreitung des Buches bedurfte großer Anstrengungen, aber nach vierzehn Monaten ständiger Werbung mit bis zu fünf Interviews pro Tag landete es auf der Bestsellerliste der *Washington Post* und zwei Wochen später auf der in der *New York Times*.

Schließlich stieg *Chicken Soup for the Soul* auf Platz eins und blieb dort länger als ein Jahr. In den Augen der Welt wurde dieses oftmals abgelehnte Manuskript auf Anhieb zu einem Bestseller. Insbesondere Lehrer gaben das Buch gern an ihre Schüler weiter, da die Geschichten leicht zu lesen waren und noch die schwierigsten Schüler dazu anregen konnten, sich mit exzellenten Leistungen hervorzutun und an ihren Zielen festzuhalten, wie mühsam sie auch zu erreichen sein mochten.

Darüber hinaus hatte das Buch einen Riesenerfolg bei fast allen religiösen Gruppen, eben weil die Geschichten inspirierend waren und jene positiven, unverbrüchlichen Werte vermittelten, die den meisten Weltreligionen zugrunde liegen.

Zugleich war es äußerst beliebt in Verkaufsorganisationen und großen Firmen. Jack und Mark hatten irgendwie den Kern dessen erfasst, was Amerika zu einem so vielversprechenden Land macht: Geschichten von ganz normalen Menschen, die in ihrem Leben bestimmte Hindernisse überwinden, den Durchbruch schaffen und dann die Hand ausstrecken, um anderen zu helfen.

Gemeinsam mit ihrem Verleger stellten Jack und Mark bald den zweiten Band zusammen: *A Second Helping of Chicken Soup for the Soul* (Noch mehr Hühnersüppchen für die Seele), darauf folgten unter anderem *Chicken Soup for the Woman's Soul* (Hühnersuppe für die Seele: Für Frauen), *Chicken Soup for the Teenage Soul* (Hühnersuppe für die Seele: Für Jugendliche) und *Chicken Soup for the Golfer's Soul* (Hühnersuppe für die Seele: Für Golfer). Schließlich erschienen über 200 Hühnersuppen-Titel, von denen über 500 Millionen Exemplare in 47 Sprachen rund um den Globus verkauft wurden.

Jack liebte es, sich neue Titel auszudenken und mit einem großen Team von Koautoren und Mitarbeitern immer mehr Buchprojekte zu entwickeln und durchzuführen. Er wusste, dass er nun viele Millionen Menschen, wie er es sich seit Langem ersehnt hatte, erreichte und der Erfüllung seines Lebenszwecks und Schicksals umso näher kam.

Doch ungeachtet der ständigen Aufmerksamkeit, die ihm durch die Medien zuteilwurde, und eines Lebens in unerwartetem Überfluss war er sich des noch höheren Ziels, dessentwegen er sich auf Erden verkörpert hatte, vollauf bewusst. Jack verfügte jetzt über die

Mittel, die Berühmtheit und die Plattform, um nach den anderen Mitgliedern der Goldenen Motorrad-Gang zu suchen und seinen Traum zu verwirklichen, der nach wie vor darin bestand, zur Heilung des Planeten Erde beizutragen.

11

ZÄRTLICHE LIEBEVOLLE FÜRSORGE

Jeder von uns ist ein Tropfen.
Zusammen sind wir ein Ozean.

Ryunosuke Satoro

Durch den Erfolg mit den *Chicken Soup*-Büchern tauch-
ten in Jacks Leben viele neue Menschen auf. Marci Shimoff zum Beispiel hatte studiert, um Beraterin für
Stressmanagement zu werden, und nachdem sie *Chicken Soup for the Soul* gelesen hatte, kam sie mit ihrer
Freundin und Kollegin Jennifer Reed Hawthorne zu
Jack und schlug vor, ihm bei *Chicken Soup for the Woman's Soul* (Hühnersuppe für die Seele: Für Frauen) als
Koautorin zur Seite zu stehen. Das Buch war dann ein
großer Erfolg und führte zu *Chicken Soup for the Mother's Soul* (Hühnersuppe für die Seele: Für Mütter) und
einigen weiteren Titeln für Frauen, von denen über 13
Millionen Exemplare verkauft wurden.

Lisa Nichols, die später als eine der wichtigen Lehre-
rinnen in dem Film *The Secret* Ruhm erlangte, kam
ebenfalls dank der *Chicken Soup*-Buchserie mit Jack in
Kontakt. Lisa steuerte zwei Titel bei: *Chicken Soup for
the African American Soul* (Hühnersuppe für die Seele:
Für Afroamerikaner) sowie *Chicken Soup for the African*

American Woman's Soul (Hühnersuppe für die Seele: Für die afroamerikanische Frau).

Sogar Kimberley Kirberger, Jacks Schwester, trat an ihn mit einer Idee heran: Warum nicht auch ein *Chicken Soup*-Buch für Teenager, die alle darin enthaltenen Geschichten selbst schreiben? *Ja, warum eigentlich nicht?*, dachte Jack und brachte zusammen mit Mark *Chicken Soup for the Teenage Soul* (Hühnersuppe für die Seele: Für Jugendliche) heraus, das sich mehr als sechs Millionen Mal verkaufte und ein Dutzend weiterer Titel für Jugendliche zur Folge hatte.

Zahlreiche andere Personen begegneten Jack auf ähnliche Weise. *Die Chicken Soup*-Bücher waren für ihn nicht nur zu einem Instrument geworden, Millionen von Menschen zu erreichen, sondern auch zu einer Brücke zu seinen Gefährten, die sich wie er als Mitglieder der Goldenen Motorrad-Gang verkörpert hatten.

Selbst auf der Woge des Erfolgs – oder gerade wegen ihr – musste Jack noch immer mit Beziehungsproblemen fertigwerden. Die Ehe mit seiner zweiten Frau Georgia begann sich aufzulösen. Seit 1995 hatten sie ihr Traumhaus in Santa Barbara, Kalifornien, bewohnt und über zwanzig Jahre lang eine innige und liebevolle Verbindung genossen, aus der ihr Sohn Christopher hervorging. Gemeinsam hatten sie zahlreiche Momente der Freude und des Glücks erlebt. Doch Jacks bedingungslose Hingabe an die eigene Arbeit sowie sein leidenschaftliches Interesse und Gespür für das Schicksal trugen keineswegs zu einer einfachen Beziehung bei.

Er und Georgia sahen schließlich ein, dass ihre Wege sich trennten, und wurden dann im Dezember 1999 geschieden. Mehr denn je konzentrierte sich Jack auf seine Mission, die Mitglieder der Goldenen Motorrad-Gang wieder zusammenzuführen.

Bei einem Treffen mit Marcia Martin kam ihm die Idee, eine Organisation zu gründen, durch die er seine Vision, der Menschheit zu helfen, mit anderen teilen konnte.

Jack und Marcia stellten fest, dass ihr soziales Netzwerk einige der außergewöhnlichsten Menschen auf der Erde einschloss – etwa Jane Willhite, Mitgründerin von PSI Seminars; Marie Diamond, eine international tätige Feng-Shui-Beraterin, spezialisiert auf das von ihr so bezeichnete »transformationelle Coaching von Führungskräften«; Marshall Thurber, Bobbi Deporter und Dame C. Cordova, Mitgründer von Money & You sowie der Accelerated Learning Business School; oder auch Dr. John Demartini, ein Autodidakt und Verhaltensexperte, der das Dermatini Institute ins Leben gerufen und die nach ihm benannte Methode ersonnen hatte, um die neuesten inneren Grenzüberschreitungen zur Entfaltung des persönlichen Potenzials einem Millionenpublikum nahezubringen. Zu diesem Netzwerk gehörten auch Pastor Michael Beckwith, John Gray, Lynne Twist, Gay Hendricks, Howard Martin, Paul Scheele, Marianne Williamson und natürlich Jacks langjähriger Freund und Mentor Stewart Emery.

Jack war überzeugt, dass diese Persönlichkeiten zusammen mit zahlreichen anderen ihre Bemühungen koordinieren konnten, um die Welt nachhaltig zu verändern. Er spürte, dass viele seiner Freunde und Kollegen ursprünglich in der Goldenen Motorrad-Gang gewesen sein mochten, und wollte die Hand nach ihnen ausstrecken und mit ihnen ebenso regelmäßig kommunizieren wie mit weiteren Gleichgesinnten, die seine Vision zu teilen schienen. So wurde der Transformational Leadership Council gegründet.

Mit dem Kürzel TLC war auch die Assoziation mit der Maxime »Tender Loving Care« (Zärtliche liebevolle Fürsorge) beabsichtigt. Und natürlich fungierte als TLC-Logo das flügel- und flammenartige Emblem der Harley Davidson, das Jack an die Goldene Motorrad-Gang erinnerte.

Zunächst war die Mitgliedschaft jenen Personen vorbehalten, die transformationelle Coaching-Unternehmen besaßen oder führten, aber schließlich dehnte sie sich auch auf Produzenten transformationeller Medien und Leitfiguren des transformationellen Denkens aus.

Jack wusste um die Bedeutung dieser Art von Coaching und Unterweisung. Er begriff, dass nur ein praxisbezogenes Training jene dauerhafte Wirkung erzielen kann, die für echte Transformation notwendig ist. So nahm er an einigen ersten Kursen auf diesem Gebiet teil, die in den Vereinigten Staaten abgehalten wurden, und entwickelte selbst etliche Workshops, um die Methode anzuwenden. Sein Standpunkt war klar: Im Gegensatz zum traditionellen Training, das sich auf die Übermittlung von Konzepten und Informationen beschränkt, ermöglicht das praxisbezogene Training unmittelbare Erfahrungen, die einen tief greifenden Einfluss auf die Wahrnehmung jedes Einzelnen ausüben, sodass er sich selbst erkennen und das Wesen der Wirklichkeit erfassen kann. Menschen durchlaufen nur dann eine innere Transformation, wenn sie ein Aha-Erlebnis haben und Dinge erleben, die nicht bloß ihren Verstand berühren, sondern auch ihr Empfindungsvermögen und gefühlsmäßiges Verstehen.

Ob durch geführte Visualisierungen, Meditationen oder interaktive Erfahrungen in der Gruppe – nach Jacks Auffassung vermochte allein das praxisbezogene Training entscheidende Durchbrüche im Bewusstsein herbeizuführen. Er selbst hatte solche Erfahrungen gemacht und war zu einem Meister geworden, der sie bei anderen förderte. Hinsichtlich des TLC bestand sein Ziel darin, eine Gemeinschaft von Lehrern und Coaches zu gründen, die sich voll dafür engagierten, in den Menschen derartige Durchbrüche aufgrund von persönlicher Erfahrung herbeizuführen. All diese Maßnahmen zusammen waren seiner Meinung nach am besten geeignet, nicht nur irgendwelche Lehren zu verbreiten, sondern tatsächlich eine Transformation der Gesellschaft in Gang zu bringen.

Ungeachtet seiner Errungenschaften war Jack ein wenig verhalten, als er die Einladungen an dreißig bekannte Leitfiguren der Transformationsbewegung verschickte und sie in sein Haus in Santa Barbara bat. Tief innen hatte er weiterhin das Gefühl, nicht so erfolgreich zu sein wie viele dieser Experten, die seine Mentoren und Lehrer gewesen waren. Ja es ergriff ihn sogar eine leichte Panik bei dem Gedanken, dass vielleicht keiner von ihnen kommen würde. Auf der Einladung hatte er seine Idee skizziert, eine Vereinigung speziell für solche Personen zu gründen, die – genauso wie er –

Inhaber einer Firma für transformationelles Coaching waren. Es gab zwar Vereinigungen in allen möglichen psychologischen Disziplinen – von Gestalttherapie über Neurolinguistische Programmierung (NLP) und Transaktionsanalyse (TA) bis zu den Techniken der Emotionalen Freiheit (Emotional Freedom Techniques, EFT) –, aber nach Jacks Kenntnis keine Vereinigung für Eigentümer von Firmen für transformationelles Coaching.

Er war erleichtert und überglücklich, als mit Ausnahme von zweien alle geladenen Gäste bestätigten, dass sie erfreut seien, Jack zu begegnen und seine Vorschläge zu erörtern.

Bei der Eröffnungssitzung wurden für die Mitgliedschaft im TLC drei Kriterien aufgestellt:

Jedes Mitglied muss Inhaber einer Firma für transformationelles Coaching sein. Die Rednertätigkeit allein reicht nicht aus; das praxisbezogene Training ist wesentlicher Bestandteil der eigenen Arbeit.

Jedes Mitglied muss sein Ego im Griff haben. Es gibt keine Hierarchie zwischen Ich und Du. Wer auf einem Egotrip ist, wird nicht aufgenommen.

Jedes Mitglied muss in hohem Maße finanziell unabhängig sein. (Jack wünschte sich äußerst angenehme TLC-Sitzungen, die in ausgewählten Resorts rund um die Welt abgehalten würden. Er wollte keine Mitglieder, die sich solche Freuden aus Kostengründen versagen mussten.)

Die Arbeit im Rahmen des Transformational Leadership Council war zu gleichen Teilen Dienst und Vergnügen. Das erste offizielle Treffen fand auf John Grays
Ranch in Nordkalifornien statt. John hatte gescherzt,
wenn jeder Teilnehmer mit diesem Tagungsort einverstanden sei, würde er alle Hebel in Bewegung setzen
und dafür sorgen, dass die Bauunternehmen das Spa
und andere Einrichtungen auf der Ranch rechtzeitig
fertigstellten. Leider war das nicht der Fall, und so
konnten weder das Spa noch die anderen Einrichtungen genutzt werden. Aber das spielte keine Rolle.
Die Umgebung war unglaublich schön und die Gruppe
inspiriert.

Jack wurde bewusst, dass er irgendwie auf einen Weg
gestolpert war, der ihn mit vielen Freunden in der Goldenen Motorrad-Gang zusammenbrachte. Fast alle ursprünglichen Mitglieder des TLC teilten seine Leidenschaft und halb mystische Überzeugung, dass sie das
höhere Ziel verfolgten, anderen dabei zu helfen, nicht
nur sich selbst grundlegend zu ändern, sondern auch
das Leben auf der Erde.

Auf den TLC-Sitzungen flogen Funken positiver Energie, großartige Ideen kamen zum Vorschein, während
jeder Teilnehmer Einblick gewährte in seine außergewöhnliche Arbeit und Weisheit und gemeinsam mit den
anderen untersuchte, wie man auf die nächsthöhere
Ebene gelangen und ein noch breiteres Publikum erreichen konnte. Doch für Jack lag die eigentliche Bedeutung des TLC darin, dass diese Vereinigung ihm Gelegenheit bot, erneut in Gegenwart der Freunde von
damals zu sein und ihre charismatischen Kräfte zu spü-
ren. Er und sein Komitee nahmen die Aufgabe, für jede

Sitzung ein inhaltsreiches Programm zu entwerfen und wichtige Beiträge zum Wohl der Welt zu leisten, durchaus ernst, aber er kam nicht umhin, die Kameradschaft unter den Mitgliedern der Goldenen Motorrad-Gang in vollen Zügen zu genießen. Je mehr Zeit er mit ihnen verbrachte, desto mehr Kraft und Freude wurden ihm zuteil.

Jack hatte den Eindruck, gewissermaßen immer noch in den Sonnenwendferien an der Academy of Enlightenment (Akademie der Erleuchtung) zu sein und einfach eine herrliche Zeit mit Freunden zu verleben. Irgendwie war aus dem Abstecher zu dem kleinen blauen Planeten in Not, der gerettet werden sollte, eine Quelle der Freude, der Herausforderung und des Abenteuers geworden, das er und seine Studienkollegen gesucht hatten, als sie noch in ihren Lichtkörpern lebten.

Die menschliche Gestalt anzunehmen hatte sich als eine aufregende Erfahrung entpuppt. Das Vergnügen an Essen und Trinken, an Sport, Liebesspiel und anderen physischen Erfahrungen war die ebenso unerwartete wie angenehme Folge jener impulsiven Entscheidung, mit der die Reise begonnen hatte – nämlich eine gute Tat zu vollbringen.

Schließlich wurde ihm Folgendes deutlich: Je mehr er an allen Aspekten des Menschseins Freude fand, desto einfühlsamer und erfolgreicher wurde er bei seiner Mission als einer der Anführer der Goldenen Motorrad-Gang. Die Menschheit war *sein* Volk geworden, die eigene Arbeit auf der Erde *sein* Anliegen – und dieser Planet *sein* Planet.

12

SYNCHRONIZITÄT

*Das charakteristische Merkmal synchronistischer
Ereignisse ist bedeutungsvolle Koinzidenz, und als
solche habe ich das synchronistische Prinzip definiert.
Dieses Prinzip weist darauf hin, dass zwischen
kausal nicht miteinander verknüpften Ereignissen
eine Verbindung oder Einheit besteht, und setzt damit
einen einheitlichen Aspekt des Seins voraus, der
sehr wohl als unus mundus [eine Welt] beschrieben
werden kann.*

C. G. Jung

Jack genoss seinen Alltag mehr denn je und glaubte fest
daran, dass TLC einen gewichtigen Beitrag für die Welt
leistete. Er hatte zum dritten Mal geheiratet – eine
schöne Frau namens Inga, die seine ungestüme Leidenschaft teilte, das Leben auf der Erde voll auszukosten.

Doch Jack las auch Zeitung oder schaute sich die
Nachrichten im Fernsehen an und sah, wie Menschen
auf der ganzen Welt leiden mussten. In Afrika gab es
zahlreiche Kriege und Genozide, die in ihrer Brutalität
und der daraus resultierenden Not der Massen vielleicht nur noch mit der Katastrophe des Zweiten Welt-
krieges verglichen werden konnten.

In Afghanistan kam es immer wieder zu Attentaten und grausamen Auseinandersetzungen, wobei Kräfte von innerhalb und außerhalb des Landes um politische und religiöse Macht rangen. In Asien galt Nordkorea allgemein als Gefahr für den Frieden, weshalb die Staatsführung dort im Gegenzug mit dem Einsatz von Atomwaffen drohte.

Der Nahe Osten schien ständig in Aufruhr zu sein, Gewaltausbrüche waren an der Tagesordnung, sodass zwischen den verfeindeten Parteien kaum eine gemeinsame Basis gefunden werden konnte.

Sogar in den Vereinigten Staaten ereigneten sich Terrorakte, die daran erinnerten, dass die Gefahr des Terrorismus überall bestand.

Jacks häufige Flugreisen, in früheren Zeiten ein wahrer Genuss für ihn, bescherten ihm jetzt ganz andere Erfahrungen, weil sein Handgepäck bei der Sicherheitskontrolle durchleuchtet und sein Körper abgetastet wurde, als wäre auch er ein potenzieller Terrorist.

Diese Welt schien voller Spaltungen und keineswegs mehr im Frieden mit sich zu sein als zu jenem Zeitpunkt, da Jack und seine astrale Gang aus höheren Sphären auf das Jahr 1943 des Planeten Erde blickten.

»Haben die Goldene Motorrad-Gang und ich tatsächlich etwas bewirkt?«, fragte Jack seine Frau Inga bei einem Spaziergang durch den herrlichen Garten ihres Hauses in Santa Barbara. Ohne die Antwort abzuwarten, fuhr er fort: »Ist es möglich, diesen Planeten vor der Selbstzerstörung zu bewahren, oder war es nur eine Illusion, dass eine kleine Gruppe wirklich etwas verändern kann?«

Inga wollte gerade darauf antworten, als im Haus das Telefon läutete. Jack eilte nach drinnen und konnte noch rechtzeitig den Hörer abnehmen. Er vernahm die Stimme seiner guten Freundin Barbara Marx Hubbard: »Jack, hast du Zeit, dass wir uns heute Nachmittag treffen? Etwas Wichtiges ist im Gange, und ich denke, du solltest daran beteiligt sein«, sagte Barbara aufgeregt und erwartungsvoll.

Sie gehörte zu den Menschen, deren Güte einfach in jeder Geste und Tätigkeit ausstrahlte. Obwohl Barbara kurz zuvor 81 Jahre alt geworden war, wirkte sie genauso dynamisch und aktiv wie immer. Sie hatte Jack erklärt, dass sie in den letzten Monaten irgendwie einen Energieschub bekommen habe, weil viele Gruppen anlässlich der »Geburt« einer mehr mitschöpferisch ausgerichteten globalen Menschheit für den 21. und 22. Dezember 2012 eine große Feier planten.

»Barbara, lass mich überlegen, ob ich einen Termin freihabe. Heute Nachmittag werden einige Filmaufnahmen gemacht, aber ich denke, dass wir uns etwa um 17 Uhr treffen können. Wenn du nichts dagegen hast, wäre es wohl am praktischsten, sich unten am Strand zu verabreden, auf der Terrasse des Boathouse Restaurant, wo ich mein letztes Interview geben werde«, erwiderte Jack.

»Großartig. Das passt mir sehr gut. Wir sehen uns also um 17 Uhr, sofern ich nichts Gegenteiliges von dir höre«, bestätigte Barbara.

Jack war einer der Stars des überaus erfolgreichen Films *The Secret*. Dieser Film erreichte Abermillionen Menschen auf der ganzen Welt und machte viele mit der Idee vertraut, dass sie durch ihr Denken tatsächlich etwas verändern können. Jack und seine Freunde hatten 2005 zusammen mit anderen Mitgliedern des TLC bei einer Sitzung in Aspen, Colorado, die Dreharbeiten maßgeblich vorbereitet.

Der Erfolg von *The Secret* rief zahlreiche Filmemacher auf den Plan, die Jack um Mitwirkung an ihren Projekten baten. Meistens zielte ihre Botschaft ebenfalls auf Transformation ab, und Jack wollte sie nach besten Kräften unterstützen, spürte aber zugleich, dass er eine Auswahl treffen musste. Er hatte einfach zu viele Verpflichtungen und sah sich daher leider gezwungen, Anfragen häufig abzulehnen. An diesem Nachmittag jedoch war er bereit, in einem Dokumentarfilm aufzutreten, den Gayle Newhouse und Richard Greninger produzierten. Er trug den Titel *Tapping the Source*. Einer der Koproduzenten war Bill Gladstone, Autor und Filmproduzent, den Jack seit langer Zeit kannte.

Bill gehörte zu den Ersten, denen er seine Geschichte der Goldenen Motorrad-Gang erzählt hatte.

Jack wusste nicht genau, warum, da Bill damals nicht in der Human Potential Movement aktiv war und sich vor allem dem Aufbau seiner Literaturagentur widmete, hatte aber ungeachtet dessen bei ihm eine Art Unschuld und Frohsinn wahrgenommen. Als Bill dann von seiner reinen Glückseligkeit während einer Nahtoderfahrung im Alter von nur fünfzehn Jahren berichtete, empfand Jack ein Gefühl von Kameradschaft, das ihn veranlasste, ihm seine vorgeburtliche Erfahrung mit der Goldenen Motorrad-Gang mitzuteilen. Seither verband die beiden eine unbeschwerte Beziehung, obwohl sie nur selten zusammentrafen oder miteinander arbeiteten.

»Okay, das wär's. Großartiges Interview, Jack!«, er-klärte Bill in seinem gewohnten Überschwang, nach-dem die letzte Klappe gefallen war. »Tausend Dank da-für. Deine Aussagen sind enorm wichtig, du hast den Nagel auf den Kopf getroffen.«

»Es war mir ein Vergnügen. Ich hab's wirklich genos-sen«, versicherte Jack.

»Sag mir«, fuhr Bill fort und zog Jack beiseite, »ist inzwischen irgendwas passiert mit deiner Geschichte von der Goldenen Motorrad-Gang? Wahrscheinlich habe ich's dir nie anvertraut, aber sie ist mir auf fast mystische Weise im Gedächtnis geblieben.«

»Ich wusste gar nicht, dass diese Geschichte dir so viel bedeutet, Bill. Vor ein paar Jahren habe ich meh-rere Schreibtischuhren in Form kleiner goldener Mo-torräder entdeckt und sie dann Leuten geschenkt, die in meinen Augen vielleicht Mitglieder der ursprüng-lichen Goldenen Motorrad-Gang waren. Jetzt ist bloß noch eine davon übrig, aber nach dem Interview – und weil ich sehe, was du mit deinem Film machst – habe ich das Bedürfnis, sie dir zu geben. Zweifellos bist du Teil dieser Arbeit.«

»Jack, das rührt und ehrt mich. Ich kann mir keine Gang vorstellen, in der ich lieber Mitglied wäre. Ehrlich gesagt, als du mir zum ersten Mal von deiner Erfahrung erzählt hast, kam mir der Gedanke, es könnte gut sein, dass ich ihr tatsächlich angehörte. Ich bin von Natur aus eher vorsichtig und habe anscheinend noch einige Jahre gewartet, um mich in menschlicher Gestalt zu verkörpern, aber je mehr Zeit ich mit solchen Projek-ten wie *Tapping the Source* verbringe, desto stärker empfinde ich das Gefühl, dass meine wichtigste Mission im Leben mit deiner Mission übereinstimmt. Weißt du, in den letzten Jahren habe ich mich zunehmend auf spirituelle Bücher konzentriert und mit Autoren wie Neale Donald Walsch, Andrew Cohen, Jean Houston und natürlich Eckhart Tolle zusammengearbeitet; desgleichen mit Dr. Ervin Laszlo, Riane Eisler, Hunter Lovins, Dennis Weaver, Thom Hartmann und anderen Visionären der Umweltbewegung. Seit etwa zehn Jahren zählt auch Barbara Marx Hubbard zu meinen Klientinnen. Gerade heute Morgen haben wir ein Interview mit ihr beendet, in dem sie über die Bedeutung von 2012 spricht – und dass dieses Jahr eine einzigartige Gelegenheit darstellt, das Konzept der *glo - balen Menschheit* zu verwirklichen.«

»Das ist ja verrückt, weil ich Barbara in wenigen Minuten hier treffen werde«, entgegnete Jack. »Genau über dieses Konzept und die geplanten Aktionen in 2012 will sie mich wohl informieren. Warum bleibst du nicht da und schließt dich uns an? Ich bin sicher, dass sie nichts dagegen haben wird.«

13

2012

Es lohnt sich zu sterben,
um herauszufinden, was Leben ist.

T. S. Eliot

Barbara bemerkte, dass die Wellen rhythmischer und gleichmäßiger als sonst waren, während sie sich der Terrasse des Boathouse Restaurant näherte, wo Bill und Jack an einem der Tische saßen. Es behagte ihr, sich dort zu verabreden, weil sie dann mit Sicherheit einen Spaziergang am Strand machen würde. Sie empfand das Geräusch und den Anblick der Wellen als wohltuend, als Zeichen ihrer Verbindung mit den Geheimnissen des Meeres und dem Leben im Ganzen.

Barbara begrüßte die beiden mit ihrem ansteckenden Lächeln. »Ich hoffe, du bist einverstanden, dass ich Bill zu unserem Treffen eingeladen habe. Er ist sehr angetan von deinem Konzept, dass 2012 ein wichtiges Datum für die Transformation der Menschheit darstellt.«

»Natürlich. Bill und ich arbeiten seit mehr als zehn Jahren zusammen, und aufgrund der Fragen, die er mir heute Morgen im Interview gestellt hat, weiß ich, dass auch er in diesem Projekt zweifellos eine wichtige Rolle spielt«, versicherte Barbara mit einem sanften und großzügigen Augenzwinkern.

Nachdem sie Snacks und eine Flasche Wein bestellt hatten, kam Barbara auf den Zweck ihrer Begegnung zu sprechen.

»Jack, wir sind seit Langem befreundet. Du hast meine Foundation for Conscious Evolution unterstützt und in deinem Haus die Feier zu meinem 80. Geburtstag veranstaltet. Du teilst viele meiner Ideen, und bei deiner Arbeit ging es immer darum, anderen zu helfen. Ich glaube, jetzt ist die Zeit für unser größtes Abenteuer gekommen.«

»Und das wäre?«, fragte Jack.

»2012«, erwiderte Barbara.

»2012?«

»Ja, 2012.«

»Nach unserem Interview erklärte mir Bill einige Vorstellungen der Mayas im Hinblick auf das Jahr 2012, über die er in seinem Roman *The Twelve* (Die Zwölf) geschrieben hat. Ist es das, was du meinst?«, fragte Jack weiter, um Klarheit zu gewinnen.

»Ja und nein«, entgegnete Barbara geheimnisvoll. »Bill hat in seinem Roman das Wesen jener Vorstellungen und die Bedeutung von 2012 erfasst, aber als er ihn schrieb, war er sich nicht der Details bewusst, die nun zum Vorschein kommen – nämlich wie diese von den Mayas prophezeite Gelegenheit auf sehr pragmatische Weise genutzt werden kann, um sicherzustellen, dass sich die positiven Aspekte ihrer Prophezeiung tatsächlich bewahrheiten. Zahlreiche Personen, die in den Medien zitiert werden, sagen Zerstörung und Verhängnis voraus. Doch meiner Meinung nach kann 2012 den Beginn einer neuen Zeit im Zeichen der Evolution markieren, und damit das geschieht, müssen wir solche Aktivitäten verstärken, die heute auf die Schaffung einer planetaren Kultur, einer mitschöpferischen Gesellschaft abzielen. Von einem evolutionären Standpunkt aus betrachtet, gibt es keinen Zweifel daran, dass eine Konvergenz alles Schöpferischen, Liebevollen und Erfinderischen in der Welt notwendig ist. Dies wäre der perfekte Augenblick, den Prozess in Gang zu setzen.«

»Barbara hat mir das heute Morgen erklärt«, berichtete Bill. »Als Anthropologe in Harvard habe ich eine ganze Reihe von verschiedenen Kulturen auf dem Globus erforscht und herausgefunden, dass 2012 nicht nur für die Mayas ein entscheidendes Jahr war. Zahlreiche Völker, etwa die Tibeter, Hawaiianer, Hopi, Hindus wie auch andere Ethnien seit undenklichen Zeiten, kannten die Weissagung, dass um dieses Datum zu Beginn des dritten Jahrtausends ein neues Goldenes Zeitalter für die Menschheit anbrechen werde. Es hat in jeder Kultur einen anderen Namen, aber meistens ist damit die Überzeugung verbunden, dass Menschen auf irgendeine Weise zu spirituelleren Wesen werden. Diese Transformation zu ermöglichen ist das Hauptanliegen, das Barbara in ihren jüngsten Arbeiten verfolgt. Sie sieht den Übergang von unserem ichbezogenen, unreifen Zustand in eine geistig bestimmte, mitschöpferische globale Phase als natürlichen evolutionären Vorgang.«

»Bill hat die Sache auf den Punkt gebracht«, bekräftigte Barbara.

»Ich habe schon viele Leute über 2012 reden hören«, warf Jack ein, »aber ihr zwei seid die Ersten, die das Phänomen so erklären, dass es bei mir Widerhall findet.

Nie war ich der Auffassung, dass 2012 die Welt untergeht, und nie habe ich an irgendwelche Endzeitszenarios geglaubt, aber aufgrund dessen, was ich gelesen und erfahren habe, empfinde ich durchaus das Gefühl von Dringlichkeit im Hinblick auf den Zustand der Welt, der sofortiges Handeln verlangt. Im Übrigen erzählte mir Bill bei unserer ersten Begegnung, dass er während seiner Nahtoderfahrung eine ähnliche Vision hatte wie ich im Zusammenhang mit der Goldenen Motorrad-Gang.«

»Meine Vision ist nicht genau ähnlich«, erwiderte Bill. »Aber die Nahtoderfahrung gab mir ein Gefühl für den Sinn des Lebens, und es wurde verstärkt, als Jack seine Geschichte mit der Goldenen Motorrad-Gang erzählte. Ich bin überzeugt, dass zwischen beiden Erfahrungen eine Verbindung besteht und dass sie irgendetwas zu tun haben mit dem, was du, Barbara, seit wir uns kennen, als ›Bewusste Evolution‹ propagierst.«

Lächelnd, am Weinglas nippend, sagte Barbara zu ihm: »Bill, berichte mir doch bitte, was du an dieser Grenze zwischen Leben und Tod erfahren hast. Als ich jung war, ist auch mir etwas widerfahren, was mein Leben verändert und mich mit meinem Lebenssinn tief verbunden hat. Ich finde, Nahtoderfahrungen und andere ungewöhnliche Ereignisse können Menschen in einzigartiger Weise dazu veranlassen, ihre Rolle im größeren Rahmen des Ganzen zu entdecken.«

»Im Alter von 15 Jahren befand ich mich in einer Arztpraxis, wo man mir ein Medikament verabreichte; ich sollte mich hinsetzen, und der Arzt entfernte sich, um einen anderen Patienten zu untersuchen. Ich erinnere mich, wie mein Bewusstsein gleichsam aus mir herausströmte und bis zur Decke des Behandlungszimmers schwebte. Dann wurde ›ich‹ von zwölf Wesenheiten begrüßt, die mich mit einer Aura der Liebe umgaben. Ich empfand ein intensives Gefühl von Glückseligkeit und Sicherheit, das sich jeder Beschreibung entzog. Anschließend sah ich zwölf Farben und jenen Tunnel weißen Lichts, den so viele Menschen mit Nahtoderfahrungen in ihren Darstellungen beschrieben haben.

Plötzlich hörte ich ein lautes Geräusch und bemerkte einen auf dem Boden knienden Mann, der es verursacht hatte. Er trug, wie die Mediziner damals, einen weißen Kittel, und ich hielt ihn für einen Arzt. Mir fiel auf, dass er versuchte, einen am Boden liegenden reglosen Körper auf sich aufmerksam zu machen. Mein erster Gedanke war: *Warum reagiert dieser Körper nicht auf den Arzt, damit der nicht so aufgeregt ist?* Und der zweite: *Oh, das ist ja* mein *Körper. Besser, ich kehre in ihn zurück, damit sich der Arzt wohler fühlt.*«

»Faszinierend«, kommentierte Barbara. »Und was geschah dann?«

»Nun, mit einem Mal war ich wieder in meinem Körper, schaute auf und sah, wie sich die Miene des Arztes entspannte. ›Ich dachte, wir hätten dich verloren‹, sagte er mit noch immer angsterfülltem Blick. ›Du bist grün geworden, und dein Puls war weg. Offenbar hast du das Penizillin nicht vertragen.‹ Als er merkte, dass ich nicht sterben würde, beruhigte er sich. Ich musste noch eine Weile zur Beobachtung dableiben und durfte dann nach Hause.«

»Welchen Schluss hast du aus dieser Erfahrung gezogen?«, wollte Barbara wissen.

»Ich war damals erst 15 und zunächst begeistert, denn ich dachte, mir sei eine wichtige Information übermittelt worden, die ich mit anderen teilen müsse. Doch als ich über meine Erfahrung mit dem ›weißen Licht‹ und meine neue Einsicht in die wahre, unvergängliche Natur des Bewusstseins sprach, stieß ich auf Skepsis und negative Reaktionen. Sofort versuchten viele, mir wissenschaftlich zu erklären, dass die Sauerstoffzufuhr zu meinem Gehirn unterbrochen gewesen sei und dass ich mir das alles nur eingebildet hätte.

Andere wiederum meinten, auf dieser Ebene könne allein Gott oder ein göttliches Wesen mit ›Wesen auf der anderen Seite‹ kommunizieren. Folglich schien es mir am besten, die Nahtoderfahrung für mich zu behalten. Das war lange bevor Dr. Raymond Moodys Buch *Life After Life* (Leben nach dem Tod) herauskam. Die meisten Leute setzten solche Erfahrungsberichte mit denen gleich, die von der Entführung durch Außerirdische handeln. Ich war ein ausgezeichneter Schüler, Kapitän meines Football- und Baseballteams und wollte meinen Status als ›normaler Typ‹ bewahren, jedenfalls nicht als Spinner betrachtet werden.«

»Interessant, dass du Raymond Moodys Buch erwähnst«, pflichtete Jack ihm bei. »Ich las es im höheren Fachsemester und wurde davon tief beeinflusst. Moody und seine Arbeit faszinierten mich dermaßen, dass ich einen längeren Aufsatz über Nahtoderfahrungen schrieb. *Life after Life* hat mich dafür empfänglich gemacht, veränderte Bewusstseinszustände als relativ weitverbreitetes Phänomen zu akzeptieren. Aufgrund dessen konnte ich auch Geschichten aus Menschen hervorlocken, die solche Bewusstseinszustände für äußerst ungewöhnlich oder gar abwegig hielten und deshalb über ihre eigenen diesbezüglichen Erfahrungen nicht reden wollten. In vielen Fällen erwiesen sich jedoch gerade diese verdrängten Ereignisse und Geschichten als entscheidende Momente, die ihrem Leben eine neue Wendung gaben. Wie du, Bill, haben viele über ihre verblüffenden Begegnungen oder transzendenten Erfahrungen, wie ich sie zu nennen vorziehe, zwar berichtet, aber nicht zugelassen, davon nachhaltig geprägt zu werden. Es ist fast so, als hätten sie ohrenbetäubende Weckrufe erhalten, dann den Wecker ignoriert und einfach weitergeschlafen. Das heißt, Moodys Buch hat meine Auffassung von Pädagogik verändert. Ich habe erkannt, dass die höchste Prüfung am Ende des Lebens darin besteht, wie viel man über die Liebe und den Einsatz für andere gelernt hat.«

»Jack, und genau deshalb müssen wir die Neugeburt des Menschen feiern«, rief Barbara begeistert aus. »Die Erdbewohner wachen auf, brauchen aber Unterstützung. Sie müssen einsehen, dass ihre entscheidenden Durchbrüche im Bewusstsein, im Kreativen, weder abwegig noch seltsam sind, sondern Teil eines neuen Wertesystems. Im Übrigen würde ich gern erfahren, Bill, wie deine Geschichte weiterging und inwiefern sie dein Interesse an 2012 geweckt hat.«

»Zunächst hatte meine Nahtoderfahrung überhaupt keinen Bezug zu 2012. Viele Jahre lang war sie mir sogar total gleichgültig. Als ich anfing, meinen Roman zu schreiben, betrachtete ich die apokalyptische Endzeit, wie sie in der Bibel beschrieben wird, quasi als Höhepunkt der Story. Ich sah zwar eine Verbindung zwischen den zwölf Aposteln und den zwölf Wesenheiten oder Energien, die mir am Rande des Todes erschienen waren, aber 2012 war für mich kein Thema. Die ersten Entwürfe zu meinem Roman entstanden schon 1979, also bevor José Argüelles im August 1987 das Harmonic-Convergence-Event organisierte, bei dem Millionen von Menschen rund um den Globus zum ersten Mal gleichzeitig meditierten und damit die Aufmerksamkeit auf die Bedeutung des 21. Dezembers 2012 lenkten, das Ende des Maya-Kalenders. Da ich eine Familie ernähren musste und eine ziemlich große Literaturagentur leitete, blieb mir wirklich keine Zeit, um an meinem Roman weiterzuarbeiten. Fertigstellen konnte ich ihn erst Ende 2008, doch mittlerweile war die Verknüpfung mit dem zweiten Kommen Christi im Jahr 2000, das den Schluss des ursprünglichen Manuskripts bildete, längst hinfällig geworden. Also nahm ich mir vor, den Höhepunkt auf 2012 zu verlegen, und begann zu recherchieren, warum so viele Menschen von diesem Datum derart fasziniert sind.«

»Stimmt«, bekräftigte Jack, »ob es ein neuer Hollywoodstreifen ist oder eine Sondersendung auf dem History Channel – 2012 scheint heute eines der heißen Themen zu sein. In großen Buchhandlungen habe ich sogar ganze Regale mit Werken über 2012 gesehen.«

»Ich las alles über 2012, was ich in die Finger bekam«, fuhr Bill fort, »auch solche Bücher, die das Phänomen als bloßes Hirngespinst abtaten; außerdem natürlich die Arbeiten von Gelehrten und Verfechtern der Maya-Botschaft wie John Major Jenkins, Gregg Braden und Daniel Pinchbeck. Doch erst nach Beendigung der ersten Romanfassung wurde mir *meine* spezielle Verbindung zum 21. Dezember 2012 allmählich bewusst. Im

Roman wollte ich deutlich machen, dass die zwölf Protagonisten jeweils eine Weltreligion beziehungsweise eine ethnische Tradition repräsentieren. Aber ich ging noch einen Schritt weiter und überprüfte die numerologischen Werte ihrer Namen, weil jeder von ihnen eine der ersten neun Zahlen verkörpern sollte. Die Numerologin, die für mich arbeitete, überbrachte mir die verblüffende Nachricht, ich bräuchte keinen einzigen Namen zu ändern, denn alle neun elementaren Energien seien bereits in ihnen enthalten. Die Wahrscheinlichkeit, dass dieses ›Ereignis‹ eintreten würde, lag wohl bestenfalls bei eins zu tausend.«

»Wie können Namen numerologische Werte haben?«, fragte Jack.

»Ich bin da kein Experte, aber die Numerologin erklärte mir, dass jeder Buchstabe des Alphabets einen Zahlenwert besitzt und dass sie nur die Zahlenwerte aller Buchstaben in jedem Namen der Protagonisten zu addieren brauche. Der Name AL zum Beispiel ergibt die Zahl 4, weil A den Wert 1 hat und L den Wert 12. Macht zusammen 13. Dann zählt man 1 und 3 zusammen und kommt auf die Zahl 4. Es gibt nur neun Grundzahlen, also addiert man immer weiter, bis eine einstellige Zahl von 1 bis 9 übrig bleibt.«

»Ich bin kein Mathematiker, kann aber verstehen, dass zwölf zufällig ausgewählte Namen, die sich auf die neun Grundzahlen reduzieren lassen, eine Faszination auf dich ausübten«, erwiderte Jack.

»Ganz gewiss. Doch wirklich baff war ich, als die Numerologin erklärte, sie habe auch die Zahlen für den Geburtstag von Max Doff, der Hauptfigur im Roman, am 12. Dezember 1949 mit den Zahlen des letzten Datums im Maya-Kalender – 21. Dezember 2012 – verglichen. Ich hatte mir über diese Verbindung keine großen Gedanken gemacht, obwohl der Roman genau an *dem* Tag enden sollte. Was sie mir sagte, hat mich fast umgehauen. Anhand ihrer Berechnungen nämlich passten die Zahlen perfekt zusammen. Die Wahrscheinlichkeit, dass ein Geburtstag mit 12/12 völlig übereinstimmt mit dem exakten Zahlenwert vom 21.12.2012, schätzte sie auf annähernd eins zu einer Million. Die Kombination der beiden Ereignisse, die Namen, die die neun Grundzahlen repräsentieren, die Entsprechung zwischen dem Geburtsdatum des Protagonisten und dem Datum des 21. Dezembers 2012 – all das zusammen ergab eine Wahrscheinlichkeit von eins zu einer Milliarde. Was sie jedoch nicht wusste und was mich noch mehr verblüffte: Ich selbst bin am 12. Dezember 1949 geboren und hatte dieses Datum Max Doff zugeschrieben.«

Jack summte einige Töne aus dem Titelsong der amerikanischen Fernsehserie *Twilight Zone* und gab damit zu verstehen, dass er sich dieser unheimlichen Übereinstimmungen sehr wohl bewusst war, während Barbara rief: »Was für eine erstaunliche Synchronizität! Ich kannte dein Geburtsdatum nicht, aber du musst wissen, dass mein Geburtstag am 22. Dezember zusammenfällt mit dem ersten Tag des neuen 26 000 Jahre währenden Zyklus, der am 22. Dezember 2012 beginnt. Unsere Geburtstage sind miteinander verknüpft. Jetzt bin ich mehr denn je überzeugt, dass auch du dazu bestimmt bist, Mitglied unseres Teams zu sein.«

14

EIN PLANETARISCHES LÄCHELN

Der Frieden beginnt mit einem Lächeln.
Mutter Teresa

»Es ist bemerkenswert, dass scheinbar kleine Details wie ein Datum, eine Adresse oder eine Telefonnummer ein so deutliches Zeichen sein können«, sagte Jack. »Ich sehe jetzt Bills Verbindung zu 2012 und warum er sich so leidenschaftlich auf dieses entscheidende Datum konzentriert. Auch du, Barbara, hast vorhin von einer wichtigen Erfahrung in jungen Jahren gesprochen, die dich auf deinen eigentlichen Weg geführt hat.«

»Ich habe sogar zwei Erfahrungen gemacht, die man als ›außerkörperlich‹ bezeichnen könnte«, erklärte Barbara. »Sie haben mir den Sinn meines Lebens in besonderer Weise klargemacht. Schon als junges Mädchen wollte ich verstehen, wie wir die enorme Kraft der Nukleartechnologie zum Wohle der Menschen nutzen können. Ich war zwar nur ein Teenager, als die Atombomben gegen Japan eingesetzt wurden, aber dieser Vorfall ließ mich innehalten und nachdenken. 1952, noch während meiner Studienzeit, hatte ich die Gelegenheit, Präsident Dwight Eisenhower zu begegnen, der ein Freund meines Vaters war. Ich fragte den Präsidenten: ›Welches *positive* Potenzial liegt in unserer neuen Technologie?‹ Zu meiner Bestürzung wusste er darauf keine Antwort und erwiderte: ›Ich weiß es nicht. Ich habe davon keine Ahnung.‹

In diesem Moment dachte ich mir: Wenn der Präsident der Vereinigten Staaten, der mächtigste Mann der Welt, davon keine Ahnung hat, dann sollte jemand der Sache auf den Grund gehen. Und viele Jahre lang gehörte ich zu den Leuten, die genau das taten.

Ich gründete das Committee for the Future in Washington, D.C., und war maßgeblich beteiligt an der Gründung von World Future Society. Bei meinem Einsatz für eine positive Zukunft lernte ich Buckminster Fuller, Abraham Maslow und viele andere wichtige Leitfiguren der spirituellen Bewegung kennen.

Eines Tages rief mich aus heiterem Himmel Dr. Jonas Salk an und lud mich zum Mittagessen ein. Er hatte einen meiner Artikel gelesen und wollte mich treffen. Seiner Ansicht nach war ich eine der Visionärinnen der Nachkriegsgeneration, erfüllt von einem geheimnisvollen Gespür für die Zukunft und dem Wunsch, zum Wohle aller das Beste zu geben. Jonas betonte, gerade Leute wie ich würden gebraucht, damit die Menschheit ihre nächste Entwicklungsstufe erreichen könne. Diese Anerkennung brachte mich auf den Weg des evolutionären Denkens, wo ich lernte, dass wir alle am umfassenden Schöpfungsprozess teilhaben.

An einem Nachmittag im Jahre 1966, mitten in meiner Suche, meiner Lektüre und meinen Begegnungen mit wichtigen Persönlichkeiten, unternahm ich wie üblich einen Spaziergang. Plötzlich kam mir eine große Frage in den Sinn.

Ich hatte die Werke des Theologen und Philosophen Reinhold Niebuhr zum Thema ›Gemeinschaft‹ gelesen, und auch sein Bibelzitat der Paulusstelle im Ersten Brief an die Korinther, dass wir alle Glieder *eines* Leibes sind. Mit diesem Zitat und vielen anderen, noch nicht völlig verinnerlichten Ideen im Kopf blieb ich stehen, wandte das Gesicht dem Universum zu und sagte: ›Ich möchte unsere Geschichte kennen. Was auf Erden ist vergleichbar mit der Geschichte von Christi Geburt? Welche Geschichte würde uns heute in ähnlicher Weise verändern, wie die Evangelien die Menschen 2000 Jahre lang verändert haben?‹

Mein geistiges Auge – oder das, was Bill bei seiner Nahtoderfahrung ›Bewusstsein‹ nannte – schoss sofort in den Weltraum, als wäre ich eine Astronautin, die von weit oben auf die Erde blickt. Ich sah, wie sie darum kämpfte, Ordnung herzustellen. Ich merkte, dass ihre Energien und Ressourcen immer knapper wurden. Ich spürte den Schmerz, der überall, sowohl in den Tieren wie auch in den Menschen, vorhanden war, ja sogar in den Pflanzen, den Steinen und im Boden. Ich fühlte mich eins mit allem Leben, fühlte die Einheit allen Lebens und empfand die Erde als *einen* Körper, von dem wir alle nur ein Teil sind.

Wie in einem Film verwandelte sich die Szene von der heutigen, leidgeplagten Erde schlagartig in die Vision einer künftigen Zeit. Ich erkannte, dass der Schmerz das Signal war, das uns wachrüttelte! Ich spürte, wie Mitgefühl den ganzen Planeten durchströmte, wie Menschen einander halfen und heilten. Ich sah Durchbrüche in den Bereichen Gesundheit, Erziehung, Ausbildung, Energie, Umwelt, Medien. Ich entdeckte, dass alle Menschen auf sämtlichen Gebieten zusammenarbeiteten. Ich begriff, wenn Menschen mit Schöpferkraft und Erfindungsgeist sich verbinden, hat die Erde genügend Ressourcen, um jede Lebensform auf ihr zu ernähren, unterzubringen, großzuziehen und zu erhalten. Ich fühlte, wenn alle unsere Innovationen harmonisch zusammenwirken, sind wir tatsächlich ein einziger planetarischer Körper.

In diesem Moment war es, als würde die gesamte Menschheit einen gemeinsamen Atemzug tun.«

Nach einer kurzen Pause fuhr sie fort. »Ich sah, wie von allen Erdbewohnern ein mystisches Licht aufstieg, und mit diesem geteilten Atem erklang ein wunderbarer Ton, eine Schwingung, die uns alle durch Resonanz miteinander verband, in einem Augenblick globaler Herzresonanz. Atem und Ton erzeugten eine Welle der Freude, die in Abermillionen Herzen widerhallte. Zusammen empfingen wir Lichter aus dem Universum … beinahe bereit für den ›Kontakt‹ … Aber als Spezies waren wir immer noch zu jung, so als hätten wir, ein planetarisches Kollektiv, gerade zum ersten Mal die Lider geöffnet und unser erstes ›planetarisches Lächeln‹ erlebt.

Dann hörte ich die Worte: ›Unsere Geschichte ist die Geburt einer globalen Menschheit. Was alle großen auf die Erde gekommenen Avatare offenbart haben, ist wahr. Wir sind *ein* Körper. Wir werden jetzt geboren. Wir sind ganz, wir sind gut und wir sind universell. Geh los und erzähle die Geschichte der universellen Menschheit, Barbara!‹«

Als sie innehielt und einen weiteren Schluck Wein trank, lächelte Jack und sagte: »Das ist eine beeindruckende Story. Deine Ausführungen erinnern mich an mein eigenes Gefühl, dass wir alle wirklich eins sind. Ich habe dies in meinen Meditationen und auf Reisen um die Welt viele Male erfahren – nämlich dass wir gleichsam Zellen im Körper *einer* Menschheit sind.«

Barbara ergriff wieder das Wort: »Diese spirituelle Erfahrung hat mein Leben für immer verändert. Zunächst war mir nicht genau klar, wie ich die Geschichte von der Geburt einer universellen Menschheit erzählen sollte. Ich studierte Kosmologie, Geschichte, Naturwissenschaft und Kunst. Ich wurde Schriftstellerin und Rednerin. Irgendwann forderte Buckminster Fuller mich auf, diese Ideen einer positiven Zukunft auf die politische Bühne zu bringen.

Also startete ich 1983 eine Kampagne, um als Kandidatin der Demokratischen Partei für die Vizepräsidentschaft nominiert zu werden. Die Kampagne verlief derart erfolgreich, dass ich 1984 bei der Versammlung der Delegierten, die in San Francisco stattfand, tatsächlich als zweite Frau neben Geraldine Ferraro auf der Liste stand. Wie wir alle wissen, wurde am Ende sie als Walter Mondales Bewerberin um die Vizepräsidentschaft ausgewählt, aber ich hatte die Möglichkeit, vor den Delegierten zu sprechen, meine Vision formell zu erläutern und die gesellschaftlichen Aufgaben hervorzuheben, die in diesem Amt weiterzuentwickeln wären. Es sollte ein ›Raum des Friedens‹ sein, wo untersucht, erfasst, verknüpft und mitgeteilt würde, was in Amerika und der Welt *funktioniert*. Ich gab eine Beschreibung dessen, was ich in meiner Vision als den ersten Schritt zur Geburt einer universellen Menschheit gesehen hatte.«

»Am meisten erstaunt mich, dass du schon vor so langer Zeit zu dieser Einsicht gelangt bist«, warf Bill ein. »Ich habe erst in den letzten Jahren Visionäre kennengelernt, die über die sogenannte ›Bewusste Evolution‹ sprechen. Deine Geschichte von der Geburt einer universellen Menschheit kommt dem nahe, was der spirituelle Lehrmeister Andrew Cohen unter ›evolutionärer Erleuchtung‹ versteht. In seinem Magazin *EnlightenNext* veröffentlicht er Artikel, die von solchen Themen handeln, wie du sie bereits vor Jahrzehnten in Angriff genommen hast. Seiner Auffassung nach hat jeder Mensch die Chance, geistig zu erwachen und empfänglich zu werden für die hinter dem evolutionären Prozess verborgene Energie und Intelligenz. Er sagt, wer an der Zukunft der Menschheit und unseres Planeten ein besonderes Interesse hat, ist auch imstande, durch die eigene spirituelle Entwicklung und die ebenso bewusste wie schöpferische Beziehung zu anderen diese Zukunft zu formen. Genau das ist evolutionäres Denken und Sein.«

»Andrew und ich haben – zusammen mit Deepak Chopra und Marianne Williamson – bei den Sitzungen der Evolutionary Leaders ausführlich darüber gesprochen«, bestätigte Barbara. »Das Ziel unserer Vereinigung besteht darin, solche Ideen mit möglichst vielen Menschen zu teilen. Wir haben das drängende Gefühl, dass jeder von uns Teil des sich entfaltenden Resonanzmusters ist und dass wir alle Verantwortung dafür tragen, in genau diesem Stadium der Menschheitsgeschichte die Botschaft weiterzugeben. Ich persönlich glaube, dass gerade die Erzählung der Geschichte, was *durch und mit uns* jetzt auf dem Planeten Erde zum Vorschein kommt, die Geburt selbst herbeiführen wird. Auf der untersten Ebene können die Menschen nur das sehen und hören, was man ihnen zu sehen und zu hören nahelegte. Es wird berichtet, dass die indigenen Peruaner und Mexikaner jene großen Schiffe der ersten Konquistadoren nicht wirklich wahrnehmen konnten, weil sie von derartigen Objekten keinerlei Vorstellung hatten. Solange also der Durchschnittsmensch die Geschichte von der Geburt einer neuen planetarischen Kultur nicht begreift, kann diese auch nicht Wirklichkeit werden.«

»Ich will nicht herunterspielen, was du sagst, aber es klingt ein bisschen wie ein Spruch von Yogi Berra, dem früheren Baseballer der New York Yankees, der für seine Wortspiele berühmt war: ›Ich hätt's nicht gesehn, wenn ich's nicht geglaubt hätte‹«, scherzte Bill.

»Ist schon okay«, erwiderte Barbara. »Dieser Spruch ist wahrer, als Mr Berra dachte. Wir können nicht erwarten, dass Menschen ihr Verhalten ändern und bisher ungewohnte Maßnahmen im Hinblick auf ein bestimmtes Ziel ergreifen, wenn sie die Geschichte dahinter nicht verstehen. Deshalb ist es so wichtig, sie zu erzählen, und deshalb baue ich auf euch beide and andere, dass ihr sie verbreitet.«

»Natürlich wollen wir unseren Beitrag leisten«, sagte Jack, »aber ich muss dich fragen: Warum gerade jetzt? Was ist in letzter Zeit geschehen, dass du umso stärker das Gefühl von Dringlichkeit empfindest und zugleich so enthusiastisch bist?«

»Um diese Frage zu beantworten, muss ich meine zweite mystische Erfahrung erklären, die mir vor einiger Zeit zuteilwurde. Im März 2003 war ich auf der

Insel Maui, die zum Archipel Hawaii gehört. Ich erinnere mich genau an das Datum, weil ich Tagebuch führe und darin meine wesentlichen Gedanken und Erlebnisse festhalte. Etwa einmal pro Jahr lese ich diese Aufzeichnungen wieder, und gerade kürzlich fiel mein Blick auf den betreffenden Eintrag«, erklärte Barbara und wandte sich Jack zu. »Du und ich, wir sind noch tiefer verbunden, als es uns bewusst war. Nachdem du diese Geschichte gehört hast, wirst du wohl wissen, warum die Vision von der Goldenen Motorrad-Gang dich so lange begleitet hat und mittlerweile zu einer äußerst wichtigen Idee in deinem Leben geworden ist.«

Jack wurde sofort neugierig, schenkte jedem ein weiteres Glas Wein ein und lehnte sich dann zurück, um Barbaras Geschichte zu lauschen.

15

DIE FÜNF FRAGEN

Eine kleine Gruppe entschlossener Geister,
die angefeuert werden durch einen
unerschütterlichen Glauben an ihre Mission,
kann den Lauf der Geschichte ändern.

Mahatma Gandhi

Barbara blickte hinaus auf den Ozean, den sie über alles liebte, hielt inne, nahm erneut einen Schluck Wein und begann zu erzählen. »Im Februar 2003 hatte ich eine Blinddarmentzündung. Ich ging ins Krankenhaus, wo der Blinddarm ohne Komplikationen entfernt wurde. Doch anhand der Blutuntersuchung nach der Operation stellten die Ärzte fest, dass die Zahl meiner weißen Blutkörperchen unverhältnismäßig hoch war. Weiße Blutkörperchen sind heilsam, aber zu viele davon können den Körper lahmlegen.

Offenbar litt ich an einer chronischen Leukämie, die mein Leben zwar nicht unmittelbar gefährdete, aber behandelt werden musste. Also wurde mir empfohlen, selbst etwas zur Verringerung der weißen Blutkörperchen zu unternehmen.

Ich beschloss, Ferien auf Maui zu machen – eine meiner Lieblingsinseln – und mit einer dort ansässigen

Heilerin zusammenzuarbeiten. Ich wollte herausfinden, ob die Überproduktion weißer Blutkörperchen mit meinem Gefühlsleben zusammenhing. Die Heilerin riet mir zu einer Rückführung, die mein ganzes Leben umfassen und jede emotionale Blockade beseitigen würde, denn darin läge vielleicht die Ursache des Symptoms.

Ich war 73, also begannen wir mit diesem Jahr. Ich sollte es überblicken und sehen, ob da ein Mensch oder ein Zwischenfall war, der einer versöhnlichen Geste meinerseits bedurfte. Dann wurde ich aufgefordert, mein 72. Lebensjahr Revue passieren zu lassen, anschließend das 71. und immer weiter zurück, über mein Erwachsenenleben, meine Jugend, meine Kindheit bis hin zu meiner Geburt.

Bei jedem Jahr konnte ich mich an eine Person oder eine Erfahrung erinnern, die von meiner Nachsicht profitieren mochte, und während ich mich besann und jeder Person, jeder Erfahrung verzieh, wurde ich immer unbeschwerter und fröhlicher. Es gab so vieles, wofür ich dankbar war, so viele wunderbare Menschen, die mir auf meinem Weg zu helfen versucht hatten, aber natürlich waren etliche in einer Weise mit mir umgegangen, die mich – zumindest im Moment – kränkte oder gar tief verletzte.

Außerdem wurden mir solche Situationen bewusst, in denen *ich* – vielleicht wegen des Übereifers, mit dem ich meine Ziele verfolgte – Menschen wehgetan hatte. Es war ein herrliches Gefühl, mir selbst genauso zu verzeihen wie den anderen. Mit jedem Jahr, das ich erinnernd und verzeihend erneut durchlebte, wurde meine Euphorie noch größer.

Schließlich kehrte ich in Gedanken zurück zu meiner eigenen Geburt, dann zu meiner Erfahrung im Mutterleib, dann zu meiner Empfängnis und sogar in den Raum vor der Empfängnis. Ich sah mich im alten Griechenland, an einem Schauplatz, der mich an die Beschreibungen der elysischen Gefilde erinnerte.

Im Hintergrund entdeckte ich Platon, Aristoteles und zahlreiche andere zum Himmel aufgefahrene Meister und Avatare. Ich war in einer Gruppe, und wir alle saßen auf einem Felsgesims, als würden wir uns bereit machen, zusammen loszuspringen. Wir wollten freiwillig zur Erde, um die Geburt einer globalen Menschheit einzuleiten. Im Gesamtplan hatte jeder von uns eine bestimmte Funktion inne. Genau zu dem Zeitpunkt, da der planetarische Geburtsvorgang tatsächlich einsetzte, sollten wir uns wiederfinden und zusammenkommen. Bei dieser Begegnung würden wir ein Gefühl der inneren Verbundenheit empfinden. Auf der Erde bestünde unsere Aufgabe darin, den Kontakt mit den anderen Gruppenmitgliedern sowie weiteren Gruppen herzustellen und dadurch eine heile Geburt zu garantieren.«

Jack konnte nicht länger schweigen. »Barbara, was du erzählst, deckt sich fast völlig mit meiner Erfahrung, als ich mir vorstellte, vor meiner irdischen Geburt mit den Freunden auf goldenen Motorrädern durch das Universum zu reisen.«

»Ich weiß, Jack, aber dieser Zusammenhang wurde mir erst klar, als Bill mich heute Morgen an die Geschichte der Goldenen Motorrad-Gang erinnerte, kurz nachdem ich wieder in meinen Tagebüchern gelesen hatte. Doch gedulde dich noch ein wenig, um den Rest der Geschichte zu erfahren.«

Jack zog seinen Stuhl näher an den Tisch heran und richtete seine ganze Aufmerksamkeit auf Barbara.

»An jenem Ort, den ich als die elysischen Gefilde des alten Griechenlands bezeichne, in der Nähe der Meister und Avatare, betrachtete ich die anderen Freiwilligen, um zu sehen, ob ich einen unter ihnen wiedererkennen konnte. Das war nicht der Fall, aber ich fühlte eine mir vertraute und angenehme Energie. Am Ende der Versammlung wurden mir fünf Fragen mitgegeben, die ich den Personen auf der Erde stellen sollte, die meinen Weg kreuzen; auf diese Weise würde ich dazu beitragen, die Gruppe wieder zusammenzubringen und diejenigen zu inspirieren, die den Vertrag abgeschlossen hatten, sich sowohl an ihre frühere Existenz wie auch an ihre Aufgabe zu erinnern.«

Barbara machte eine kurze Pause und trank einen weiteren Schluck Wein.

»Ich sterbe vor Neugier. Wie lauteten die fünf Fragen?«, platzte es aus Bill heraus.

Barbara nahm ein schönes Notizbuch hervor, auf dem in deutlicher Schrift vermerkt war: *Barbara Marx Hubbard. Tagebücher 2003–2004.*

»Ich habe heute Morgen wieder darin gelesen und aus eben diesem Grund dann Jack angerufen. Noch am Tag der Rückführung in mein ganzes Leben habe ich die Fragen Wort für Wort aufgeschrieben. Lasst sie mich euch vorlesen.«

»Ja, bitte, tu das«, bekräftigte Jack.

Barbara erhob die Stimme.

»Erste Frage: Was weißt du über den ursprünglichen Plan?

Zweite Frage: Erinnerst du dich daran, dass du zu

diesem besonderen Zeitpunkt als Freiwillige(r) auf die Erde gehen wolltest, um ihr zu dienen?

Dritte Frage: Wenn ja, entsinnst du dich auch an deinen Vertrag?

Vierte Frage: Was kannst du am besten in der Welt, zu dem nur du imstande bist?

Fünfte Frage: Was wirst du jetzt tun – und welche Hilfsmittel brauchst du dafür?«

Jack brachte kein Wort heraus. Es überwältigte ihn, wie eng diese Fragen verknüpft waren mit seiner eigenen Erfahrung als Mitglied der Goldenen Motorrad-Gang.

Bill war der Erste, der das Schweigen brach.

»Als ich Jacks Geschichte von der Goldenen Motorrad-Gang hörte, hatte ich sofort das Gefühl, dass er damit die eigentliche Funktionsweise des Universums beschrieb. Natürlich ist das für die meisten Leute nur eine Story, aber mir vermittelte sie den Eindruck, dass ich nicht allein bin, dass andere die Welt und ihre Rolle darin ganz ähnlich sehen. Schon als kleiner Junge war ich stets überzeugt, ein höheres Ziel im Leben zu haben.

Wenn ich jetzt *deiner* Geschichte lausche, Barbara, so spüre ich, dass sie wirklich jene neue Geschichte ist, auf die die Menschheit gewartet hat. Vielleicht können wir alle zusammen etwas tun, damit 2012 eine echte Veränderung zum Positiven eintritt.«

Jack fand seine Sprache wieder.

»Barbara, dein inspirierender Einfluss auf mich lässt nie nach. Deine Person und die Arbeit, die du im Rahmen deiner Stiftung leistest, haben mich immer tief berührt. Deine Erfahrung in den elysischen Gefilden ist der meinen in der Goldenen Motorrad-Gang äußerst ähnlich. Die Fragen, die man dir mitgab, sind jene wesentlichen Fragen, die wir heute uns selbst und den anderen stellen müssen. Mehr noch, wir müssen untersuchen, was jeder von uns in diesem historischen Moment beitragen kann, und einander um die Mittel bitten, die für den Erfolg des Unternehmens notwendig sind.

Mithilfe von Gruppen, mit denen ich vollends übereinstimme – etwa des Transformational Leadership Council, der Evolutionary Leaders, der Bioneers, der Pachamama Alliance, der Four Years. Go. und weiteren verwandten Organisationen –, können wir viele begabte Menschen erreichen.«

»Und diese Menschen«, erwiderte Barbara, »gehören ihrerseits bestimmten Organisationen an. Einige davon kennen wir, andere nicht, und wieder andere werden 2012 in Erscheinung treten. Sie alle sind der Ansicht, dass die Geschichte, die wir gerade erzählen, bei ihnen einen ebenso tiefen Widerhall findet, wie wir ihn heute zwischen uns empfinden.«

»Und je mehr Gruppen und Menschen miteinander harmonieren, desto größer die Stoßkraft, desto mehr Mittel werden eingesetzt und desto gewisser wird jeder von uns sein, dass wir unser Ziel erreichen. Es wird die wichtigste Demonstration zahlenmäßiger Stärke sein, der größte Einsatz für die richtige Sache, über Grenzen, Ozeane, Sprachen, Kulturen hinweg – vielleicht der erste solche Fall in der Menschheitsgeschichte.«

»Genau, Jack«, rief Barbara aus. »Wir werden die ursprüngliche Goldene Motorrad-Gang wieder zusammenbringen und auch all die anderen Gruppen, die sich entschieden haben, geboren zu werden und dadurch der Geburt dessen beizuwohnen, was ich *die neue Geschichte der Menschheit* nenne. Es geht weniger darum, ein neues Glaubenssystem zu schaffen, als sich jenes natürlichen, vorbildlichen Prozesses in Richtung des Neuen bewusst zu werden, das bereits zum Vorschein kommt. Obwohl die Zeichen der Spaltung deutlich sind, macht sich doch ein Gespür für größere Harmonie und Kreativität bemerkbar, und zahlreiche Gruppen erkennen diese positive Entwicklung bereits. Wir müssen sie nur finden und ihnen helfen, miteinander in Verbindung zu treten.«

16

PLÄNE FÜR DIE GEBURTSTAGSPARTY

Zweifle nie daran, dass eine kleine Gruppe
besonnener, engagierter Menschen die Welt
verändern kann – tatsächlich ist dies
die einzige Art und Weise, in der die Welt
jemals verändert wurde.

Margaret Mead

Allmählich näherte sich die Sonne dem Horizont über dem Pazifischen Ozean, aber weder Jack noch Bill war gewillt, das Boathouse zu verlassen.

»Was hast du gerade gesagt, Barbara?«, fragte Jack, obwohl er ihre Worte deutlich vernommen hatte.

»Ich sagte, wir müssen anfangen, die größte Geburtstagsparty in der Weltgeschichte zu planen.«

»Habe ich dich doch richtig verstanden«, bestätigte Jack.

»Weißt du«, fuhr Barbara fort, »die Idee ist nicht ganz neu. 1987 nahmen Millionen von Menschen rund um den Globus am Harmonic-Convergence-Event teil, das José Argüelles organisiert hatte, und natürlich feierten noch mehr Menschen am 31. Dezember 1999 den Beginn des nächsten Jahrtausends. Sie betrachteten dieses Datum nicht nur als Übergang in ein weiteres Jahr, sondern als Aufbruch in ein neues Zeitalter. Den meisten war nicht klar, was genau anders sein könnte, aber bemerkenswert ist, dass dieses Gefühl von etwas Außergewöhnlichem nicht verschwand – im Gegenteil, es hat sich während des letzten Jahrzehnts noch vertieft und Wurzeln geschlagen. Nun sind unzählige Menschen bereit, in diese Ära einzutreten, sie zur Wirklichkeit zu machen.

Es könnte die größte Feier des Neuen werden, der Veränderung, der Bemühung um ›eine Welt, die für jeden funktioniert‹, wie Buckminster Fuller es ausgedrückt hat. Wir sollten uns verbinden und all jene Organisationen und Initiativen in den Vordergrund rücken, die den Bewusstseinswandel fördern.

Ich denke, dieser ›Fälligkeitstermin‹ wurde von der Geschichte selbst gesetzt. Einige von uns haben erkannt, dass mit dem Ende eines 26000 Jahre dauernden Zyklus am 21. Dezember 2012 zwangsläufig der folgende Zyklus am 22. Dezember 2012 beginnt.

Es ist kein Zufall, dass Stephen Dinan von The Shift Network mich gebeten hat, einen Kurs zum Thema ›The Agents of Conscious Evolution‹ (Die Initiatoren der Bewussten Evolution) zu geben und so einen Teil des globalen Teams zusammenzustellen, das ein solches Event mit organisiert. Er nennt die Feier ›Birth 2012: Co creating a Planetary Shift‹ (Geburt 2012 – den planetaren Wandel gemeinsam herbeiführen). Es wird ein Ereignis sein, das im Zeichen der Verbundenheit und Übereinstimmung aller Menschen steht. Stephen fungiert als eine Art ›Produzent‹ dieser Veranstaltung am 22. Dezember, und wir hoffen und erwarten, dass mindestens zehn Millionen Menschen daran teilnehmen werden.«

»Das ist ein riesiges Projekt«, sagte Jack.

»Ja, das ist es. Deshalb brauchen wir deine Hilfe, Jack. Im meditativen Zustand meiner Rückführung wurde mir neben den fünf Fragen mitgeteilt, dass ich mich mit jemandem zusammentun würde, der weltweit Anerkennung genießt und seinen Einfluss geltend machen könne, um die vielen Millionen Menschen zu versammeln, die für die Geburt einer neuen Welt notwendig sind.

Wie gesagt, der gegenwärtige 26 000-Jahre-Zyklus endet am 21. Dezember 2012, und der neue beginnt am 22. Dezember 2012. Das ist der erste Tag unserer neuen Erde. Offenbar hat Eckhart Tolle intuitiv verstanden, dass tatsächlich eine neue Erde geboren wird, denn der Titel seines Buches, das Oprah Winfrey für ihre Webinar-Serie benutzt hat, lautet *A New Earth*. Genauso wie Eckhart kann ich fühlen, dass sich ein neues Bewusstsein abzeichnet – in uns als Individuen und in uns allen als Kollektiv.

Doch es ist nicht nur der Geburtstag für eine neue universelle Menschheit, sondern eben auch der für eine neue Erde – die Erde wird in eine höhere Schwingung hineingeboren. Obwohl dieser Prozess schon begonnen hat und sich nach dem 22. Dezember 2012 über viele Jahre und Jahrzehnte weiter fortsetzen wird, ist es in meinen Augen äußerst wichtig, dass wir diesen Tag feiern.«

»Du sprichst mir aus dem Herzen«, bestätigte Bill enthusiastisch. »Ich bin absolut davon überzeugt, dass der 22. Dezember 2012 den Beginn einer neuen Schwingung markiert, und gerade deshalb habe ich meinen Roman geschrieben. Im Laufe meiner Recherchen erhielt ich von John Major Jenkins einige Informationen über die Schwankung und die Rotation der Erde, die für eine volle Umdrehung eigentlich 26 000 Jahre benötigt. Dass die Mayas ohne hoch entwickelte Messinstrumente in ihrem Kalender ebenfalls auf die Zeitspanne von 26 000 Jahren für einen Zyklus kamen, verblüfft mich.«

»Das ist eine unerklärliche Koinzidenz!«, rief Jack. »Aber viele Leute prophezeien, der 21. Dezember 2012 werde eine Zeit furchtbarer Zerstörung einläuten – Erdbeben, Tsunamis, Vulkanausbrüche, möglicherweise sogar Atomkrieg.

Wollen wir wirklich ein so bedeutendes Ereignis und die Feier der Neugeburt mit einer Epoche in Verbindung bringen, die vielleicht von schlimmen Katastrophen heimgesucht wird?«

»Stimmt, solche Prophezeiungen sind in Umlauf, aber das ist umso mehr ein Grund, sich auf dieses Datum zu besinnen«, entgegnete Barbara selbstbewusst. »Die Medien tun uns einen Gefallen, indem sie sowohl die Untergangsszenarien verbreiten als auch jene Berichte, die sie widerlegen. Spielfilme, Fernsehprogramme und Nachrichtensendungen lenken die Aufmerksamkeit auf dieses besondere Datum. Millionen von Menschen interessieren sich bereits dafür, und das können wir auf positive Weise nutzen.

Wie erwähnt, gebe ich mit Stephen Dinan und The Shift Network einen Kurs, der auf die Geburt in 2012 vorbereitet, und noch nie war der Andrang so stark. Über 20 000 Personen haben am ersten Webinar teilgenommen. Das ist zahlenmäßig das größte Publikum, zu dem ich seit der im Fernsehen übertragenen Delegiertenversammlung der Demokratischen Partei 1984 gesprochen habe. Dank unseres Engagements kann ich euch versichern: Sobald die Leute merken, dass man im Jahr 2012 eine vielversprechende Gelegenheit sieht, ihr Bewusstsein zu heben, werden Millionen von ihnen an der Feier teilnehmen wollen.«

»Aber warum brauchen wir eine Feier?«, fragte Jack.

»Ich liebe die fünf Fragen und habe genauso wie du das Gefühl, dass wir die Mitglieder der Goldenen Motorrad-Gang und anderer Gruppen, die sich auf der Erde verkörpert haben mit dem Ziel, die individuelle und kollektive Evolution zu fördern, wieder vereinen müssen; doch inwieweit kann eine Feier, deren Organisation Millionen Dollar und unzählige Arbeitsstunden von mehreren Zehntausend Personen verschlingen wird, tatsächlich etwas verändern?«

»Feiern sind wichtig«, erwiderte Barbara. »Seit jeher werden Geburten in allen Kulturen der Welt gefeiert. Hier sprechen wir buchstäblich von der Geburt einer neuen planetarischen Kultur, einer bislang unbekannten Zivilisation der Harmonie und der Kooperation, die mitten unter uns bereits zum Vorschein kommt. Wir müssen die positiven Veränderungen und die Kreativität der Menschheit hervorheben und feiern. Viele werden daran zweifeln, und man überzeugt sie am besten dadurch, dass Millionen von Menschen das Datum anerkennen und dementsprechend ihre Rituale ausführen, damit sie sich als Teil der Geburt fühlen, ja als Teil der Gemeinschaft, die den neugeborenen Planeten unterstützt.

Jeder könnte gefragt werden, was er zu dieser globalen Feier beitragen möchte. Es könnte eine weltweite

Demonstration der Kreativität und der Kohärenz zwischen den Herzen werden.«

»Okay, das verstehe ich«, sagte Jack mit einem Kopfnicken. »Und ich verstehe auch das Prinzip der Kohärenz, das meine Freunde Doc Childre, Howard Martin und Deborah Rozeman am Institute of Heartmath untersucht haben. Ihre Aussage lautet: Wenn sich Millionen von Menschen auf gemeinsame Ziele besinnen, erzeugen sie Resonanzmuster, die einen enormen energetischen Einfluss auf Ereignisse in der materiellen Welt ausüben können.

Trotzdem muss ich nachhaken: Ist das wirklich das beste Datum und die beste Methode, um diese Resonanz herzustellen?«

»Wir können uns nie ganz sicher sein«, antwortete Barbara, »wissen aber sehr wohl, dass die Zeit knapp wird. Ich hoffe, dass am 22. Dezember 2012 nur die erste Geburtstagsfeier stattfindet, der dann im Lauf der Jahrzehnte, Jahrhunderte und Jahrtausende viele weitere folgen werden. Die Erdbewohner haben weitaus mehr miteinander gemein, als wir es uns überhaupt vorstellen können, doch allzu oft betreffen unsere Feiern nur nationale oder religiöse Gedenktage, und diese sind niemals global. Warum also nicht ein ›globaler Feiertag‹, an dem wir festlich begehen und vertiefen, was wir miteinander teilen, nämlich unser kollektives Schicksal auf dem gleichen Planeten? Es bleibt nur noch wenig Zeit, um jene Prozesse umzukehren, die zu den planetarischen Krisen geführt haben. Viele von uns erkennen, dass der Geburtstag einfach den Beginn einer kontinuierlichen Entwicklung darstellt. Wir brauchen eine Website, um die Lösungen von Leuten, ihre Durchbrüche und Erfolge zu sammeln und zu verbreiten. Entweder wir kooperieren mit der neuen Evolution oder wir erfahren das Gegenteil, die Degeneration, und diese wird eine massive Zerstörung des Lebens auf der Erde mit sich bringen.

Angesichts der schmelzenden Polkappen, der Wirbelstürme und Überflutungen bemerken wir bereits die verheerenden Auswirkungen der Erderwärmung. Außerdem sind wir Zeugen wirtschaftlicher Zusammenbrüche im Westen, um sich greifender Revolutionen in Nordafrika, im Nahen Osten und politischer Unruhen im südlicheren Afrika. Die Auslöschung unserer Spezies ist durchaus eine reale Möglichkeit«, erklärte Barbara voller Inbrunst.

Jacks Widerstand schmolz dahin. »Ich verstehe, was du meinst. Selbst wenn der 22. Dezember 2012 nicht die eigentliche Geburt einer neuen Welt und eines neuen Bewusstseins bedeutet, ist es doch ein Datum, um das herum wir Flashmobs, Konzerte, Kundgebungen, Workshops, humanitäre Projekte, Gruppenmeditationen, Friedensinitiativen und dergleichen organisieren können, um andersartige Erfahrungen zu ermöglichen und die allgemeine Aufmerksamkeit zu erhöhen.«

»Genau. Die Sache ist gar nicht so geheimnisvoll. Durch uns alle wird etwas Neues geboren. Diese Konvergenz von Glaube und Inspiration unter sehr vielen Menschen ist – ganz abgesehen davon, was dann physisch mit der Erde geschehen wird – an sich schon ein Phänomen, das wir nicht ignorieren können, sondern anerkennen und feiern müssen. Die alte Welt *vergeht*. Das Schöne dieser Feier zum 22. Dezember 2012 liegt darin, dass sie tatsächlich stattfinden kann. Es hängt davon ab, was wir alle unternehmen. Immerhin wissen wir: Wir *sind* eins – und vereint können wir uns an jenem Tag als *globale Menschheit* begreifen.«

»Ich denke gerade daran, was du vor ein paar Stunden gesagt hast«, warf Bill überschwänglich ein. »Nämlich dass du 1969 eine Vision hattest, in der die ganze Menschheit einen gemeinsamen Atemzug tat. Es geht also darum, die Voraussetzungen zu schaffen, damit genau dies geschehen kann.«

»Richtig, Bill«, erwiderte Barbara. »Wir dürfen nicht vergessen, dass wir aus der Perspektive einer planetarischen Kultur zwar immer noch sehr jung sind, aber als Erwachsene auch die Fähigkeit besitzen, eine Feier zu organisieren für das, was durch uns alle geboren wird, für unsere Geburt in eine neue Welt.

Selbst wenn wir den 22. Dezember 2012 nur als ein symbolisches Datum betrachten, müssen wir es nutzen, um jene Resonanz zu erzeugen, die unseren Wunsch vielleicht in Wirklichkeit verwandelt. Wir haben nichts zu verlieren und viel zu gewinnen«, schloss Barbara im Gefühl, dass sie jetzt Jacks volle Unterstützung hatte.

»Barbara Marx Hubbard, du bist eine unwiderstehliche Naturgewalt!«, rief Jack ihr mit einem breiten Lächeln zu.

»Nicht mehr als du«, gab Barbara lachend zurück.

Die Sonne war nun untergegangen, aber das mit Rosa und Violett durchsetzte Abendrot leuchtete in einem vollkommenen Himmel über dem Pazifik, dessen rhythmische Wellen sanft gegen den Strand beim Boathouse schlugen. Jack richtete den Blick nach oben, dann auf

Barbara, atmete zustimmend und freudig auf. Dann versicherte er: »Das wird eine schwierige Aufgabe, aber ich will alles tun, was in meiner Kraft steht, um dabei zu helfen.«

»Du kannst dir nicht vorstellen, wie dankbar ich dafür bin, Jack. Mein Traum ist in Erfüllung gegangen«, sagte Barbara entzückt.

»Nein, Barbara, ich bin derjenige, der dir zu danken hat. Ich weiß, dass alle Mitglieder der Goldenen Motorrad-Gang sich verkörpert haben, um eine große Herausforderung anzunehmen, und glaube, dass dies für sie wie für mich eine wunderbare Gelegenheit sein wird, unseren Auftrag und unser Schicksal zu erfüllen – gemäß dem ›Vertrag‹ deiner Freunde in den elysischen Gefilden.«

Bill hatte das ganze Gespräch höchst aufmerksam verfolgt. »Ich weiß nicht genau, welche Rolle mir zufällt, aber auf jeden Fall bin ich da, um mitzuhelfen. Für morgen früh haben wir ein Interview mit Jane Willhite eingeplant, aber wenn ihr beide euch morgen treffen wollt, würde ich sehr gern dabei sein und meine Unterstützung anbieten.«

»O Mann, ich hab total die Zeit vergessen«, gestand Jack. »Ich hätte wissen müssen, warum Jane in Santa Barbara ist. Sie wohnt heute bei uns; zweifellos gibt Inga ein Abendessen für sie und wartet auf mich. Lasst uns das Gespräch morgen nach den Dreharbeiten fortsetzen. Du solltest unbedingt daran teilnehmen, Bill. Wenn du einverstanden bist, werde ich Jane informieren, dass das Interview in unserem Haus aufgezeichnet wird, auf diese Weise sparen wir Zeit. Außerdem werde ich sie zu unserem Gespräch mit einladen. Sie ist ein

Gründungsmitglied des TLC und gewiss wird sie für unsere erste Brainstorming-Session ein guter Resonanzboden sein.«

Als Jack sich vom Tisch erhob und die Rechnung für Snacks und Getränke zahlte, blickte er wieder zum Himmel hoch, der nun dunkler war, aber immer noch glühte. Sein Inneres bebte vor Freude.

17

EIN SILBERNER MOTORRADFAHRER

Die Krise wie auch die Chance unserer Zeit
besteht darin, Ego und konditionierte
Angstmechanismen aufzugeben zugunsten
der primären Drehkraft unbedingter Liebe,
die unsere Entwicklung voranzutreiben
trachtet und uns als Spezies nach Hause ruft.

Sol Luckman

Bei der Rückkehr fand Jack seine Frau Inga und Jane Willhite im Wohnzimmer vor, jede mit einem Glas Weißwein in der Hand.

»Komm, Jack, setz dich zu uns. Jane hat mir von ihren jüngsten Enkelkindern erzählt und was da oben in Clearlake gerade so passiert. Du hast dich um mehr als eine Stunde verspätet. Ich hoffe, es ist alles in Ordnung«, tadelte Inga ihn scherzhaft.

Jack umarmte die beiden herzlich, nahm Platz und schenkte sich ein Glas Wein ein. »Alles bestens. Vorhin sah ich Barbara Marx Hubbard, und wir hatten eine Menge nachzuholen. Eine außergewöhnliche Frau mit großen Plänen für die Zukunft. Sie ist jetzt über achtzig und macht einfach unermüdlich weiter. Auf vielen Ebenen ist sie für mich eine echte Inspirationsquelle.«

»Ich liebe Barbara«, fügte Jane hinzu. »Auch für meine Arbeit bei PSI World ist sie eine wahre Inspiration.«

»Ach ja? Inwiefern?«, fragte Jack.

»Als mein Mann Thomas und ich PSI World gründeten, unsere nicht gewinnorientierte Organisation, war klar, dass sie der Besserung der Menschheit dienen sollte und dass wir uns auf die ganze Welt konzentrieren mussten, nicht nur auf einen bestimmten Zweck oder Ort. Den besten Teil des letzten Jahrzehnts habe ich damit verbracht, über Möglichkeiten nachzudenken, wie wir das bei PSI World praktizierte Coaching von Führungskräften so ausrichten, dass auch junge Leute auf leitende Positionen vorbereitet werden – nicht allein ihres persönlichen Erfolgs wegen, sondern um den Planeten im Ganzen zu verbessern. Tatsächlich war das einer der Gründe, warum ich dich treffen wollte. Übrigens, vielen Dank, dass ich bei euch übernachten kann.«

»Oh, es ist ein Vergnügen, dich bei uns zu haben. Du verlässt dein Clearlake so selten«, erklärte Inga.

»Wie ihr wisst, werde ich morgen für einen Film interviewt. Bob Proctor und Bernie Dohrman haben mich angerufen und darauf bestanden, dass ich bei *Tapping the Source* mitwirke.

Normalerweise bleibe ich lieber im Hintergrund, aber beide meinen, es sei jetzt an der Zeit, vor die Kamera zu treten und mitzuteilen, was wir bei PSI World machen. Ich hätte abgesagt, wäre da nicht das tiefe Gefühl von Dringlichkeit in mir, dass wir jetzt wirklich etwas verändern müssen – und zwar auf der Ebene, die Thomas für PSI im Sinn hatte, als er vor vielen Jahren noch unter uns war«, erklärte Jane.

Jack nahm einen Schluck Wein und versicherte ihr: »Ich selbst wurde heute Nachmittag für *Tapping the Source* interviewt. Der Film behandelt das Gesetz der Anziehung eher wie ein Gesetz der Liebe und der Hilfsbereitschaft denn als Prinzip, das lediglich dem Individuum materielle Fülle bescheren soll. Du wirst das Interview bestimmt genießen. Mir jedenfalls hat es viel Freude bereitet.«

»Das ist gut zu wissen, da ich mich zuerst dagegen sträubte. Ich möchte nur an solchen Projekten teilnehmen, die tatsächlich dem Gemeinwohl dienen können. Du erinnerst dich, als ich akzeptierte, Gründungsmitglied des TLC zu werden, wollte ich die Gewissheit haben, dass wir Möglichkeiten finden, andere Menschen stärker zu unterstützen, und nicht bloß eine Organisation gründen, um unsere eigenen geschäftlichen Ziele zu verfolgen. Ich bin froh darüber, was wir bisher erreicht haben, aber das ist zugleich einer der Punkte, über die ich mit dir sprechen wollte. Wie führen wir den TLC auf die nächste Stufe, um dafür zu sorgen, dass die kommende Generation von Leitfiguren mühelos nachvollziehen kann, was unsere Arbeit über konkrete Schritte zur Transformation auf globaler Ebene offenbart?«

»Ich bin mir nicht sicher, ob ich darauf sofort eine Antwort parat habe, denke jedoch, dass Barbaras aktuelle Idee, den 22. Dezember 2012 als Symbol für die von ihr so bezeichnete *neue Geschichte der Menschheit* zu nutzen, eine Möglichkeit sein könnte, weltweit mit künftigen Leitfiguren in Verbindung zu treten. Über Stephen Dinans Shift Network arbeitet sie mit einer rasch anwachsenden Gruppe zusammen und hofft, dass sich ihr schon bald mindestens zehn Millionen Menschen anschließen werden. Barbara und Stephen bauen auf den TLC, um weitere Mitglieder zu gewinnen.«

»Lass Barbara nur machen. Diese Frau denkt immer im großen Maßstab«, sagte Inga lachend.

»Zehn Millionen«, flötete Jane. »Wow! Wenn irgendjemand das schaffen kann, dann sie. Erzähl mir mehr darüber.«

»Ja, auch ich würde gern die Details erfahren, aber jetzt essen wir erst mal zu Abend. Alles ist schon seit einer Stunde fertig, und zweifellos haben wir einen Bärenhunger«, gemahnte Inga die beiden. So begaben sie sich ins Esszimmer, wo ein exquisites Mahl serviert wurde.

Während des Abendessens erläuterte Jack die Idee einer Feier für die ganze Menschheit, wodurch deren nächste, planetarische Entwicklungsphase eingeleitet werden solle.

»Damit ich das richtig verstehe«, sagte Inga, die einen herrlichen Fruchtsalat mit Kiwis, Ananas, Heidelbeeren und anderen Köstlichkeiten brachte. »Geht es lediglich darum, dass am 22. Dezember jeder Mensch auf der Erde feiert, das Ende des Maya-Kalenders überlebt zu haben, und dadurch automatisch zu einem hellsichtigeren Lebewesen wird – oder ist an der Sache mehr dran?«

»Barbara schien völlig überzeugt, dass da mehr dran ist«, erwiderte Jack. »Sie möchte, dass wir eine Art Zentrale bilden, die mit vielerlei ähnlich gesinnten Gruppen in Kontakt steht und ständig mitteilt, was in der Welt funktioniert. Damit verbunden ist ein neues planetarisches Ritual. Es gibt bereits den Tag der Erde, der alljährlich am 22. April stattfindet. Jetzt haben wir zum ersten Mal die Chance, einen planetarischen Geburtstag zu feiern.«

»Aufruf zur Aktion – gerade an dieser Stelle kann der TLC seinen Beitrag leisten«, erklärte Jane aufgeregt. »PSI World konzentriert sich darauf, wie normale Menschen Zugang finden zu ihrem unbegrenzten inneren Potenzial, um eine bereitwilliger kooperierende und friedlichere Gemeinschaft zu schaffen. Die hierfür notwendigen Mittel stehen uns zur Verfügung, deshalb glaube ich wirklich, dass Barbara recht hat. Wir alle sind dazu bestimmt, *eine* planetarische Menschheit zu sein, und insgeheim waren wir es vielleicht immer schon.«

»Das sehe ich auch so. Ich bin sicher, dass die Idee einer Feier anlässlich der höheren Bewusstheit der Menschen auch den anderen TLC-Mitgliedern gefallen wird. Hale Dwoskin, Arielle Ford, Marie Diamond, Lynn Twist, Gay Hendricks, John Gray, Lisa Nichols, Martin Rutte und Marci Shimoff – sie alle werden das hundertprozentig unterstützen«, sagte Jack, angetan von Janes Begeisterung.

»So kann der 22. Dezember 2012 ein wahres Fest der Hilfsbereitschaft und der Erschließung unseres höchsten Potenzials werden«, verkündete Jane freudestrahlend. »Genau davon hat Thomas immer geträumt, als er mit mir zusammen 1973 das ursprüngliche Success Principles Institute mit seinen Kursen gegründet hat. Er wäre sehr stolz, PSI als Teil dieses wunderbaren Events zu sehen. Schon vor der Gründung des Instituts, als Thomas mit Alexander Everett von Mind Dynamics zusammenarbeitete, erzählte er mir von seiner verrückten Vision, die er eines Nachts gehabt hatte. Er war als Anführer einer Gruppe erleuchteter Wesen auf einem silbernen Motorrad durch den Weltraum zum Planeten Erde gefahren, um dort überall die Samen für eine höhere Bewusstheit zu setzen«, erklärte sie, während ihr Tränen in die Augen traten. »Vielleicht wird das alles jetzt Wirklichkeit!«

Jack war sprachlos. Nachdem er sich ein wenig gefasst hatte, erwiderte er: »Jane, du kennst doch meine Geschichte mit der Goldenen Motorrad-Gang, nicht wahr? Wie kann es sein, dass du mir noch nie von Thomas' Vision berichtet hast?«

»Ja, bei einem der TLC-Treffen habe ich dich darüber reden hören, aber bisher war mir der Zusammenhang nicht ganz klar«, räumte Jane ein. »Thomas liebte Motorräder und wollte, dass seine Klienten lernen, damit zu fahren. Das war Teil unseres PSI-Coachings.«

»Ich glaube zu wissen, warum«, kommentierte Jack. »Motorradfahren erfordert absolute Konzentration. Ein gutes Training für fast jeden Beruf!«

»Oh, für Thomas waren diese Lektionen weitaus mehr als eine Vorbereitung auf den Beruf«, erläuterte Jane. »Er betrachtete die Wertschätzung für Motorräder und das damit verbundene Know-how als Metapher, die eine echte Wertschätzung für das Leben bekundet. Thomas konnte zeigen, wie man alles, was für persönliche Entwicklung und Erfolg im Leben notwendig ist, durch das Fahren und die Pflege von Motorrädern lernt. Seine Ausführungen über Integrität zum Beispiel begann er mit solchen Einsichten wie ›Sie sind verantwortlich dafür, wohin Sie fahren, wie Sie fahren und wo Sie ankommen‹. Er betonte die Verantwortung des Fahrers gegenüber allen Verkehrsteilnehmern, indem er sagte: ›Es ist unverantwortlich, die Kontrolle zu verlieren und Unfälle zu bauen, deren Folgen dann andere beseitigen sollen.‹ Thomas war überzeugt, dass die persönliche Entwicklung ein hohes Maß an Aufrichtigkeit und Selbsterkenntnis verlangt: ›Die Fahrt, die Sie heute unternehmen, unterscheidet sich von der gestrigen. Sie sind jeden Tag anders. Achten Sie darauf, in welchem physischen, emotionalen, intellektuellen und spirituellen Zustand Sie sich befinden.‹ In seinen Augen war die Motorradfahrt keine einsame Übung, sondern eine Unternehmung inmitten von Menschen, bei der ähnliche Vorsichtsmaßnahmen zu treffen sind: ›Bleiben Sie rücksichtslosen Fahrern fern, sonst werden Sie am Ende von deren Rücksichtslosigkeit eingeholt.‹ Außerdem behandelte er gründlich die praktischen Aspekte der Wartung – von der Wahl des Kraftstoffs und des Getriebeöls bis zur Wahl der Strecke, die bei starken Regenfällen am sichersten zu befahren sei.«

»Ich hatte keine Ahnung, dass Thomas ein so begeisterter Motorradfahrer war«, bemerkte Jack, während er noch immer über die verblüffende Synchronizität nachsann, dass seine eigene Verbindung zu Motorrädern in jenen Lehren widergespiegelt wurde, die Thomas bei der Gründung von PSI entwickelt hatte. »Hier auf der Erde war ich nie ein Motorradfreak, aber die Vorstellung, Mitglied einer astralen Motorrad-Gang zu sein, hat mich jahrzehntelang begleitet.«

»Thomas ging es nicht nur um seine Liebe zum Motorradfahren. Sein Lehrplan umfasste über 100 spezifische Punkte, die ich euch gerne einmal schriftlich mitteilen würde. Vor allem liebte er es, sein Wissen über Motorräder zu nutzen und so die fundamentalen Prinzipien des Erfolgs und des Glücks zu vermitteln.«

Jack hatte Thomas immer kennenlernen wollen, aber das war 1983 durch dessen vorzeitigen Tod bei einem Flugzeugunglück verhindert worden. Damals war sich Jack nicht sicher, ob er mutig genug wäre, seine Erinnerung an die Goldene Motorrad-Gang als wirklich oder als trügerisch einzustufen, und gewiss wäre er innerlich nicht bereit gewesen zu erfahren, dass Thomas der Silbernen Motorrad-Gang angehörte. Als er nun Jane ansah und den Ausdruck der Freude in ihren Augen wahrnahm, wurde ihm bewusst, dass sowohl die Goldene wie auch die Silberne Motorrad-Gang auf mystische Weise völlig real waren. Sein Leben hatte einen höheren Zweck, und er war in der Bemühung, deren Auftrag zu erfüllen, nicht allein.

Die Feier der Geburt der Menschheit als planetarische Gemeinschaft am 22. Dezember 2012 würde zumindest sämtliche Mitglieder der Goldenen und der Silbernen Motorrad-Gang zusammenführen. Tatsächlich waren sie alle hier auf der Erde. Ihnen musste lediglich ein Versammlungsort und die Gelegenheit geboten werden, sich zu treffen und im alten Glanz zu erstrahlen.

Nachdem Jack seine Fassung wiedergewonnen hatte, wandte er sich Jane zu und sagte: »Barbara, Bill und ich werden uns morgen nach deinem Interview hier einfinden und hätten gerne, dass du an unserer Sitzung teilnimmst.«

Dann blickte Jack zu Inga: »Liebling, du solltest dich uns ebenfalls anschließen. Diese Sache in Gang zu bringen wird viel Mühe erfordern, und auch du kannst einen wertvollen Beitrag leisten.«

»Ich bin dabei«, erwiderte Inga beschwingt.

Jack hob sein Weinglas, schaute tief in Janes und Ingas Augen und beschloss frohgemut das abendliche Gespräch: »Stoßen wir auf Thomas und all diejenigen an, die uns vorangingen und die Vision und die Absicht hatten, das Leben jedes Menschen auf der Erde zu verbessern.«

»Und möge Barbara noch mehr als zehn Millionen Menschen für ihre Geburtagsparty am 22. Dezember 2012 zusammenbekommen!«, fügte Jane dem Trinkspruch bei.

18

DIE FÜNFER-REGEL

Erfolg ist die Summe kleiner Bemühungen,
die man tagaus, tagein wiederholt.
Robert Collier

»Hab vielen Dank, Jane«, sagte Bill nach dem Interview für *Tapping the Source.* »Jack wartet mit Barbara und Inga in seinem Konferenzraum auf uns.«

Jane folgte Bill durch die Tür nach draußen, überquerte den Weg neben dem Swimmingpool und betrat einen herrlichen Konferenzraum mit zwei Sofas, auf denen Barbara, Jack und Inga bereits saßen. Im hinteren Teil stand ein Billardtisch, und auf dem Couchtisch befanden sich Früchte, alkoholfreie Getränke, Wasser, Gläser, Teller und Silberbesteck.

Barbara und Jane umarmten sich.

»Seit Jahren bin ich eine große Verehrerin von dir«, sagte Jane in herzlichem Ton. »Ich hatte immer das Gefühl, dass du uns anderen um Jahre voraus bist, was die Einsicht in die entscheidenden Probleme der Menschheit betrifft.«

»Ich weiß nicht, inwieweit Jack dich informiert hat, aber die Vision, die ich während der letzten fünfundvierzig Jahre in mir trug, ist jetzt reif, um verwirklicht zu werden. Ich bin so dankbar, dass ich weiterhin am Leben bin, um mit euch allen im TLC zusammenzuarbeiten«, erwiderte Barbara.

»Na, dann legen wir los«, erklärte Jack. »Ich habe Inga gebeten, für die heutige Sitzung eine Tagesordnung aufzustellen. Inga, kannst du uns bitte von einem Punkt zum nächsten führen.«

»Barbara, nachdem Jack uns mit deinen gestrigen Ausführungen vertraut gemacht hat«, begann Inga, »war mir deine Metapher ›Geburt 2012‹ klarer, und ich begriff, dass die Feier genau das widerspiegeln muss, was wir im Fall einer leiblichen Geburt tun würden.

Ich erinnere mich, dass mir während der Schwangerschaft bange war vor der Geburt meines ersten Kindes. Und ich weiß noch sehr gut, wie erschöpft ich danach war. Ich bin mir nicht sicher, wie Travis und ich ohne die Unterstützung meiner Familie und meiner Freunde überlebt hätten. Der Arzt war wichtig, aber auf lange Sicht waren die Krankenschwestern, das medizinische Personal, die Angehörigen und Freunde noch wichtiger. Meines Erachtens müssen wir also über all jene Dinge nachdenken, die für die Geburt 2012 notwendig sind, und dann verschiedene Gruppen beauftragen, die absehbaren Herausforderungen in Angriff zu nehmen.«

»Ich schätze deine Denkweise sehr, Inga. Entscheidend ist nicht allein die Feier und der Geburtstag, sondern die künftige Gesundheit des Kindes«, erwiderte Barbara überschwänglich. »Es geht nicht nur darum, 2012 als Symbol für eine weltweite Zeremonie zu nutzen, sondern vor allem darum, dass Menschen die Vision über Jahre hinaus nähren und befürworten. Wir sprechen von der Geburt eines neuen Bewusstseins auf dem ganzen Planeten. Eine einmalige Feier ist bloß der Anfang und letztlich unwichtig, wenn wir nicht Möglichkeiten finden, dass die Leute durch Dialog und Aktivität ständig miteinander in Verbindung bleiben.«

Jane lächelte, als sie sich dem Gespräch anschloss. »Jetzt sprichst du genau meine Sprache. Auch bei PSI stehen Dialog und Aktivität im Mittelpunkt, und beide bedürfen des kontinuierlichen Engagements. Aber was ist der erste Schritt?«

Jack überlegte kurz und erklärte dann: »Ich glaube, wir müssen uns zunächst der Frage zuwenden, wie wir zehn Millionen oder noch mehr Menschen dazu bringen, sich des 22. Dezembers 2012 als Geburtstag einer neuen Erde bewusst zu werden. Und der Schlüssel dazu liegt wohl in einer Website, die wir erstellen und wo wir aktuell berichten, wer was an welchem Ort und zu welchem Zeitpunkt unternimmt. Aufgrund der Erfahrungen, die ich beim Vermarkten meiner Arbeit gesammelt habe, scheint es mir wesentlich, Videoclips zu produzieren und sie auf die Website zu übertragen. Diese muss in hohem Maße interaktiv sein, damit jeder Internetnutzer mühelos seine Chats, aber auch eigene Videos kommunizieren kann.«

An dieser Stelle ergriff Bill das Wort. »Das ist nicht so leicht, wie es klingt. Ich habe mit mehreren Hundert Autoren zusammengearbeitet, und was du beschreibst, wollen alle. Jeder Autor, den ich vertrete, versucht, um sein Buch oder Thema herum eine Onlinegemeinschaft zu scharen, aber die meisten von ihnen stoßen dabei auf zwei Probleme: Sie brauchen ein bestimmtes Motiv oder ein echtes Ziel. Das haben viele auch. Was sie nicht haben, ist eine wirksame Methode, der Website so viel Zulauf zu verschaffen, dass ein wahrer Hype entsteht.«

»Darüber habe ich viel gelernt durch die Werbung für den Film *The Secret* und auch durch die Art und Weise, wie Mark Victor Hansen und ich unsere *Chicken Soup for the Soul*-Bücher einem breiten Publikum nahegebracht haben«, führte Jack näher aus. »Zuerst müssen wir all unsere Aktivitäten sorgfältig koordinieren. Im Fall von *The Secret* haben die meisten Mitglieder des TLC E-Mails an sämtliche Personen auf ihrer Adressenliste mit einem Link zum kostenlosen Trailer verschickt. Dank dieser miteinander vernetzten Listen haben wir wohl an die zwölf Millionen Menschen erreicht. Wenn jemand an einem Tag die fünfte oder sechste E-Mail von bekannten Autoren, Lehrern und Leitfiguren erhielt, denen er bereits vertraute, war er überzeugt, dass es sich lohnen würde, den Trailer anzuschauen. Das war wirklich ein Phänomen. Wir müssen eine ähnliche Kampagne durchführen, damit die Leute die Website zur Geburtstagsparty besuchen, und sicherstellen, dass sie dort genügend faszinierende Informationen vorfinden, um sich der Geburt-2012-Bewegung anzuschließen.«

»Daher wusste ich, dass du unverzichtbar bist, Jack, um die Feier mit zu organisieren«, sagte Barbara sichtlich bewegt. »Wenn ich die Mutter dieses Events bin, wie viele mich nennen, dann bist du gewiss einer seiner Väter. Denn du hast diese väterliche Energie, die auf Menschen beruhigend wirkt und zugleich deine Führungsrolle gewährleistet, die wiederum meine weibliche Kreativität verankert und zum Ausdruck kommen lässt.«

»Es ist sehr interessant, dass du im Hinblick auf ein solches Ereignis die Metaphern ›Mutter‹ und ›Vater‹ benutzt«, fuhr Jack fort. »Als Mark und ich die *Chicken Soup*-Reihe starteten, war vor allem er quasi der Vermarkter. Anfangs konzentrierte ich mich auf die kreativen Aspekte, doch mit der Zeit wurde mir klar: Das Marketing war genauso wichtig wie das Kreative. Wir pflegten zu sagen, dass wir die weibliche Energie brauchen, um das Kind zu gebären und zu umsorgen, und die männliche Energie, um es großzuziehen. Die Bücher zu schreiben und zu veröffentlichen war die schöpferische, weibliche Seite der Gleichung, sie zu vermarkten und zu bewerben die männliche. In der ganzen Menschheitsgeschichte gab es nur wenige Leitfiguren, die die visionäre weibliche Energie mit der tatkräftigen männlichen Energie zu verbinden wussten. Das heißt, um Erfolg zu haben, müssen wir darauf hinarbeiten, beide einzusetzen … und um *großen* Erfolg zu haben, müssen wir die von Mark und mir sogenannte ›Fünfer-Regel‹ anwenden.«

»Was ist die Fünfer-Regel?«, fragten Barbara, Bill und Jane gleichzeitig.

»Die Fünfer-Regel haben Mark und ich entwickelt, als wir die *Chicken Soup for the Soul*-Bücher zu vermarkten begannen«, erklärte Jack aufgeregt.

»Das erste Buch dieser Reihe verkaufte sich zunächst nicht so schnell, wie Mark und ich gedacht hatten. Wir waren mit Brian Tracy – bekannt als erfolgreicher Autor von Motivationsbüchern und Guru für Geschäftsleute – zusammengekommen, der uns sein ›Gesetz der Wahrscheinlichkeit‹ erläuterte. Es besagt: Je mehr Aktivitäten man unternimmt, desto höher die Wahrscheinlichkeit, dass eine davon auf das gesetzte Ziel eine Wirkung ausüben wird, die umgekehrt proportional ist zu dem Aufwand, den man für jede einzelne Aktivität betrieben hat. Einfacher ausgedrückt: Je mehr Versuche man macht, desto eher wird einer davon erfolgreich sein.

Schon bald nach dieser Lektion suchten Mark und ich Ron Scolastico auf, einen ehemaligen Philosophieprofessor, der einen Zugriff hat auf ebenso einfache wie tiefgründige Weisheiten. Während unserer Sitzung führte er aus, wie selbst scheinbar unlösbare Aufgaben durch konzentrierte und konsequente Anstrengung zu bewältigen sind. Er sagte: ›Wenn man jeden Tag zu einem Baum geht und dem Stamm mit der Axt fünf Hiebe versetzt, wird auch der größte Baum der Welt irgendwann zu Fall gebracht.‹ Mark und ich hielten das für ein äußerst nützliches Bild und einen wunderbaren Rat. So beschlossen wir, jeden Tag fünf Exemplare unseres Buches zu verschicken oder fünf Radiointerviews zu arrangieren oder fünf prominente Persönlichkeiten anzurufen und sie für unsere Sache zu gewinnen.

Nicht jede Aktion war erfolgreich, aber durch die ständige Aufmerksamkeit und Bereitschaft, mit neuen Ideen zu experimentieren und jeden Tag fünf neue Dinge auszuprobieren, egal welche, haben wir mehr als unser Ziel, auf Platz eins der Bestsellerliste in der *New York Times* zu kommen, erreicht.

Von diesem Buch, das unzählige Verleger abgelehnt hatten, wurden dann über zehn Millionen Exemplare in 47 Sprachen verkauft. Inzwischen umfasst die Reihe mehr als 200 Titel, die sich weltweit über 500 Millionen

Mal verkauft haben. All dies geschah dank unserer Fünfer-Regel.«

»Das ist faszinierend, aber wie wenden wir die Fünfer-Regel auf die Werbemaßnahmen für die Geburtstagsfeier 2012 an?«, fragte Jane.

»Damit die Regel funktioniert, müssen wir das Ziel genau festlegen«, erklärte Jack. »Mark und ich waren überzeugt, dass die *Chicken Soup for the Soul*-Bücher mit jeder einzelnen Geschichte dazu beitragen, die Welt in positiver Weise zu verändern. Natürlich wollten wir viele Bücher verkaufen und haben es genossen, mit der Zeit eine Menge Geld zu verdienen, doch Verkäufe und Geld waren eigentlich zweitrangig. Ich denke, dieser Ansatz trifft auch auf die Geburtstagsfeier 2012 zu. Selbstverständlich wollen wir möglichst viele Menschen auffordern, entsprechende Feiern rund um den Globus zu veranstalten, aber noch wichtiger ist, sie zu erwecken, damit sie ihren eigenen Weg der persönlichen Transformation beschreiten.«

»Einverstanden«, sagte Barbara. »Zugleich aber muss in diesem Fall die individuelle Reise die größere kollektive Reise widerspiegeln und fördern.«

»Exakt«, bestätigte Jack. »Ich bin auch deshalb so erpicht darauf, mit dir zusammenzuarbeiten, Barbara, weil meine jahrzehntelange Erfahrung mit Menschen, denen ich bei ihrer persönlichen Transformation zu helfen versuche, besonders bei diesem Projekt völlig übereinstimmt mit deiner umfassenderen Vision von globaler Transformation. Vielleicht besteht zum ersten Mal in der Menschheitsgeschichte eine so enge Verbindung zwischen der individuellen und der kollektiven Reise. Als wir die Fünfer-Regel benutzten, um für das erste Buch unserer Reihe Werbung zu machen, unternahmen wir einige außergewöhnliche Dinge, die zu verblüffenden Ergebnissen führten.

Als uns mal nichts mehr einfiel, kam uns plötzlich die Idee, jedem Geschworenen im Mordprozess gegen O.J. Simpson ein Exemplar zuzuschicken, und kurz darauf verbreiteten die wichtigsten Fernsehsender Kommentare über das Buch, das die Geschworenen gerade lasen. Wir erhielten sogar einen Brief von Richter Ito, der uns dafür dankte, dass wir an die Geschworenen gedacht hatten.

Ein andermal besorgten wir uns *The Celebrity Address Book* (Wer ist wer) und schickten das Buch an Schauspieler, Produzenten und Filmregisseure in Hollywood, einfach um eine Art Hype zu bewirken. Es gelangte auch zu Della Reese und dem Produzenten der äußerst erfolgreichen Fernsehserie *Touched by an Angel* (Ein Hauch von Himmel), und schon bald verteilte der Regisseur Exemplare an alle Schauspieler und Mitarbeiter. Er schwärmte davon, der Geist des Buches entspreche genau dem Gefühl, das die Serie bei den Zuschauern hervorrufen sollte. Diese Geschichte wurde dann im Magazin *Variety* veröffentlicht und später auch von der Nachrichtenagentur *Associated Press* publik gemacht. Daher ist es wichtig, über den Tellerrand hinauszuschauen und Werbeideen zu entwickeln, die zunächst ungewöhnlich erscheinen mögen; viele davon werden nichts bringen, aber durch Beharrlichkeit und Beachtung der Fünfer-Regel werden wir hundertprozentig Erfolg haben.«

»Allmählich sehe ich, wie die Fäden zusammenlaufen«, kommentierte Jane. »Deine Beschreibung der Fünfer-Regel erinnert mich daran, wie ich meinen Schülern die Wirkung positiven Handelns verdeutliche. Es ist jedes Mal so, als würde man einen Stein in den Teich werfen. Zuerst hat man keine Ahnung, wohin einen die kleinen Wellen der nützlichen Tat treiben. Wenn also alle Beteiligten sich verpflichten, jeden Tag fünf positive Schritte zu unternehmen, kann selbst ein derart umfangreiches Projekt wie das unsere mühelos verwirklicht werden. Es wird darauf ankommen, ein Kernteam zu bilden, das für das Geburt-2012-Event täglich mit großen und kleinen Aktionen Werbung macht. Dafür brauchen wir kein exzessives Budget. Sicherlich werden Studenten und sogar Gymnasiasten auf der ganzen Welt sich gerne freiwillig engagieren, um an einem so inspirierenden und – wie meine Enkelkinder sagen – ›eindrucksvollen‹ Ereignis teilzuhaben.«

»Ja«, pflichtete Jack bei. »Sobald wir über eine große Gruppe von Freiwilligen verfügen, können wir mit unseren Kollegen zusammenarbeiten, die ähnliche Events für ihre Organisationen planen – etwa Pachamama Alliance, Four Years. Go., Bioneers, Institute of Heartmath, Club of Budapest, IONS, Shift Network –, und mit jeder anderen Person, die ebenfalls fest davon überzeugt ist, dass der 22. Dezember 2012 die Geburt einer neuen Erde verheißt.«

»Es freut mich zu hören, dass du bereits daran denkst, andere Gruppen mit einzubeziehen«, fügte Barbara hinzu. »Die Leute müssen eines begreifen: Es handelt sich hier nicht um eine Idee oder eine Veranstaltung von Barbara Marx Hubbard, sondern um ein Weltereignis. Ich bin nur eine Stimme von vielen, die sich miteinander verbinden, um diesen Zustand höherer Bewusstheit möglichst vielen Menschen nahezu-bringen.«

»Das stimmt, Barbara, dennoch kommt dir in dem Ganzen eine Schlüsselrolle zu«, bekräftigte Bill. »Ich kenne dich jetzt seit fast zwanzig Jahren, und auch schon vor unserer Begegnung hast du diese Botschaft *der Geburt und der neuen Geschichte der universellen Menschheit* deutlich mitgeteilt.«

»Ja, ich drücke mich klar aus«, bestätigte Barbara. »Aber täusche dich nicht. Ein Ereignis dieser Größen-ordnung kann nicht stattfinden ohne die Beteiligung von mehreren Hundert anderen Leitfiguren und Tausenden, wenn nicht Zehntausenden freiwilligen Helfern.«

»Ich merke, dass wir gerade einen Anfang machen«, warf Jane ein. »Allerdings muss ich meinen Flieger er-wischen und euch daher verlassen. Jedenfalls sehe ich keine unüberwindbaren Hindernisse, um Barbaras Vi-sion zu verwirklichen. Diesen Traum von der neuen Erde und der neuen Geschichte der Menschheit haben viele von uns viele Jahre lang gehabt und ihn oft auf ganz unterschiedliche Weise formuliert. Zugleich ver-trete ich genauso wie ihr alle die Auffassung, dass wir in einem besonderen historischen Augenblick leben und etwas Außergewöhnliches tun müssen, um dieses Ereignis würdig zu begehen. Wie mein Stiefsohn, der kürzlich das Kartenspiel Texas Hold'em entdeckt hat, sagt: ›Ich bin voll dabei.‹«

»Das gilt auch für mich«, fügte Bill hinzu, wandte sich Jane zu und sagte: »Ich würde dich gerne zum Flughafen bringen, und so sollten wir uns jetzt verabschieden. Ich habe das Gefühl, Barbara und Jack werden für uns schon bald einige Aufgaben parat haben.«

»Da könnt ihr ganz sicher sein«, lautete Jacks abschlie-
ßende Bemerkung, während alle aufstanden, sich umarmten und dann den Raum verließen.

Die ersten Schritte waren unternommen worden. Jack
fühlte sich in Einklang mit seinem vor langer Zeit ge-
wählten Schicksal, das ihn während seiner Motorradfahrt durchs Universum hierher auf die Erde geführt
hatte.

19

DIE DIAMANTENE MOTORRAD-GANG

Was in einem Leben nicht zu erreichen ist,
wird geschehen, wenn ein Leben sich mit
dem anderen verbindet.

Rabbi Harold Kushner

Am nächsten Morgen erwachte Jack voller Energie und
Begeisterung für das Leben. Er führte zunächst seine
täglichen Yogaübungen durch, dann eine Meditation,
die er in den Garten verlegte, umgeben vom frischen
Duft der Jasmine, Gardenien und verschiedener Ro-
sensorten. Diesmal versetzte sie ihn in einen trancear-
tigen Zustand, der einem Traum zu ähneln schien.

Er blickte in den Himmel und sah eine fantastische
Diamantene Motorradfahrerin auf sich zurasen. Bald
entdeckte er hinter ihr zwei weitere Fahrer, dahinter
drei, hinter diesen fünf andere, dann sieben und immer
so fort ... Die Reihen nahmen kein Ende, als bildeten
sie einen göttlich glänzenden Gänseschwarm. Alle be-
schleunigten ihre Maschinen und flogen auf ihn zu, bis
der ganze Himmel ausgefüllt war mit diamantenen
Motorrädern. Es mussten Tausende sein, und auf jedem saß ein junger lächelnder Mann, eine junge lä-
chelnde Frau, strahlend vor Gesundheit und Stärke und

mit einer fühlbaren Aura des Wohlbefindens. Plötzlich machte die Anführerin, atemberaubend in ihrer Anmut und Schönheit, so etwas wie einen Sky Wheelie und kam schwebend, keine zwei Meter von Jacks Gesicht entfernt, zum Stehen. Die ersten Worte aus ihrem Mund lauteten: »Danke, Jack.«

Es war mehr ein Gedanke als ein gesprochener Satz, den Jack verblüfft erwiderte: »Danke wofür?«

»Dafür natürlich, dass du der Diamantenen Motorrad-Gang den Raum eröffnet und bewahrt hast. So können wir uns jetzt auf die nächste Stufe der menschlichen Evolution vorbereiten. Da oben, an der Academy of Enlightenment, bist du zu einer Art Legende geworden. Seit deiner Entscheidung, dich in menschlicher Gestalt zu verkörpern, haben unsere Lehrer deine Fortschritte verfolgt. Jeder ist sehr stolz auf dich und deine Gefährten in der Goldenen Motorrad-Gang.

Deine *Chicken Soup*-Bücher haben die Seelen von Millionen Menschen erwärmt und genährt. Sie haben deren Wertschätzung für das notwendige Mitgefühl vergrößert und ihr Verständnis für den Adel des ›normalen‹ Daseins, für die überraschende Reichhaltigkeit menschlicher Erfahrung vertieft. Deine eigenen Bücher und jene, die du in die Serie mit aufgenommen hast, deuten auf die Wahrheit hin, dass jedem Menschen – der berühmten Persönlichkeit, dem Milliardär, dem Generaldirektor ebenso wie der Hausfrau oder dem einfachen Arbeiter, der sich abplagt und von einer Lohnzahlung zur nächsten lebt – ungeachtet seiner Stellung eine Würde innewohnt. Du hast daran erinnert, dass Menschen sich durch ihre Beziehungen zu anderen definieren; und das tun sie auf so unterschiedliche, vielfältige und schöpferische Weise, wie es auch in den Werken eines van Gogh, eines Beethoven oder eines Shakespeare zum Ausdruck kommt.«

Allmählich konnte Jack sich sammeln und seine Gedanken mitteilen. »Deine Worte ehren mich, aber ich bin nur Teil einer großen Gemeinschaft von Autoren und Mitarbeitern an der Serie. Ohne ihre Anleitung und Führung hätten wir diese Wirkung nie erzielen können.«

»Das ist sicher richtig, Jack. Die breite Skala von Autoren und Mitarbeitern ist ein entscheidender Aspekt der Serie, der ihr Kraft verleiht, die geheime Zutat für die Hühnersuppe. Die Bücher geben sehr vielen Menschen die Möglichkeit, ihre Erfahrungen und Herausforderungen miteinander zu teilen, und helfen damit nicht nur den Lesern jedes Buches, sondern formen auch eine echte Gemeinschaft ... Aber glaube nicht, dass der Gemeinsinn endet, sobald das Buch nach der Lektüre ins Regal zurückgestellt wird.

Wie du jetzt erfährst, ist es gerade dieser Gemeinsinn, den du zusammen mit deinen Freunden und Kollegen – besonders jenen vom TLC – in den nächsten Jahren auf dem Planeten Erde fördern und zur Vollendung bringen sollst. Durch den TLC und andere Organisationen hat die Goldene Motorrad-Gang ein großartiges Fundament geschaffen, um die Bedeutung des Erfolgs neu zu definieren. Offenbar war es ein TLC-Mitglied, das die Auffassung vertrat, im 21. Jahrhundert sei nicht mehr der Tatmensch gefragt, sondern der GEBER. Dass du anhand der von dir entwickelten Lehrmethoden zahlreiche Leitfiguren des transformationellen Denkens in fast jedem Land der Welt erreichen und weiter ausbilden kannst, ist eine bemerkenswerte Leistung. Zum ers-

ten Mal auf der Erde beginnen die Menschen zu begreifen, dass wahrer Erfolg darin besteht, den Auftrag der
eigenen Seele zu erfüllen, statt nur die unmittelbaren
Ziele des eigenen Ego zu erreichen. Ohne deine Bemühungen und die der anderen Mitglieder der Goldenen
wie auch der Silbernen Motorrad-Gang würde nichts
von alledem geschehen.

Nun sind wir, die Mitglieder der Diamantenen Motorrad-Gang, bereit, uns zu verkörpern und die Menschheit
auf die nächste Ebene zu führen. Einige von uns sind bereits in menschlicher Gestalt. Doch keiner von uns hätte
den Mut gehabt, die vor uns liegenden menschlichen
Herausforderungen anzunehmen, wärst du nicht so engagiert und, offen gestanden, so erfolgreich darin gewesen, derart vielen Menschen das innere Potenzial bewusst zu machen, das sie schon besitzen, um eine echte
planetarische Gemeinschaft zu bilden.«

Das waren die Worte/Gedanken, die ebenso deutlich
wie liebenswürdig von der Anführerin der Diamantenen
Motorrad-Gang ausgingen.

»Im Grunde war ich manchmal entmutigt, weil die
Fortschritte während meines Erdenlebens zu wünschen
übrig ließen. Meinst du wirklich, dass wir einiges verändert haben?«, fragte Jack.

»Als Mensch fällt es einem schwer, die Energie zu fühlen und zu verstehen, wie sehr sich die Welt seit deiner
Ankunft vor 68 Jahren gewandelt hat. Äußerlich betrachtet, sind die sieben Milliarden Menschen auf der
Erde weiterhin mit Kampf und Not konfrontiert, aber
energetisch hat sich die Welt definitiv verändert. Es
gibt mehr Einsicht, ein ausgeprägteres Mitgefühl und
ein tieferes Gefühl von Verbundenheit zwischen allen

Menschen. Viele Jahre werden noch vergehen, ehe die meisten irdischen Konflikte beseitigt sind, doch ich versichere dir: Aufgrund der Veränderungen, die du und die anderen Mitglieder der Goldenen und der Silbernen Motorrad-Gang in die Wege geleitet habt, ist es nur eine Frage der Zeit, bis das sogenannte ›Goldene Zeitalter‹ oder die Epoche des ›Himmels auf Erden‹ tatsächlich anbrechen wird«, erklärte die Anführerin der Diamantenen Motorradfahrer.

Mit wehendem Haar brachte sie ihre Maschine auf Touren, damit diese nicht völlig zum Stillstand kam, und fuhr fort: »Wir wollten während deiner Meditation einfach mit dir sprechen, um zu bestätigen, dass die große Geburtstagsfeier am 22. Dezember 2012, die du mit Barbara, Jane und vielen anderen planst, sehr wohl die Mühe lohnt. Der Erfolg ist dir sicher – mit oder ohne Feier –, aber sie wird den Übergang in eine Welt, wo alle Menschen einen höheren Bewusstseinszustand erlangt haben, fördern und beschleunigen.

Selbst jene, die nicht daran teilnehmen, werden durch die energetische Wirkung eines derart weitreichenden und zweckbestimmten Events beeinflusst. Und natürlich sind wir hier, um dir zu danken, damit du unsere Dankesbotschaft all denen überbringen kannst, die dir geholfen haben und auch in Zukunft helfen werden, ein friedlicheres, harmonischeres und von engerer Zusammenarbeit geprägtes Leben auf der Erde zu schaffen.

Was auf diesem Planeten geschieht, ist wichtig für das Universum im Ganzen. Die Erde ist ein Musterbeispiel dafür, welche Möglichkeiten der freie Wille bietet, wenn er in der Praxis zum Ausdruck kommt. Demnach war es kein Zufall, dass du auf deiner kosmischen Mo-

torradfahrt vor so vielen Jahren, während der Sonnenwendferien, diesen kleinen notleidenden Planeten entdeckt hast.«

Jack war völlig sprachlos, hin- und hergerissen zwischen zwei Wahrnehmungen. Einerseits sah er sich als
menschliches Wesen, andererseits als Lichtwesen,
das durch sein Mitgefühl zur Erde, zu einem Leben als
Schriftsteller und Lehrer für Abermillionen geführt
worden war. Ehe er seinen Dank äußern oder auch nur
an ihn denken konnte, ließ die Anführerin der Diamantenen Motorrad-Gang erneut ihre Maschine aufheulen
und machte eine scharfe Drehung in der Luft, der auf-
gehenden Sonne zu. Die übrigen Mitglieder der Gang,
weiterhin in Formation, taten das Gleiche, um ihr zu
folgen, doch kurz vor dem Aufbruch wandte sich die
Anführerin noch einmal um, zwinkerte Jack zu und
übermittelte ihm einen letzten Gedanken: *Übrigens, die
Akademie hat einstimmig entschieden, dir sowohl für
deine Bemühungen wie auch für deine Erfolge die Best-
note zu geben. Nach der Rückkehr wirst du dein Diplom
mit Auszeichnung erhalten. Herzlichen Glückwunsch!*

Dann verschwanden sie alle im Glanz herrlichen
Lichts, wobei jedes diamantene Motorrad unzählige
Funken versprühte, so weit Jacks Auge reichte. Er empfand ein tiefes Glücksgefühl, erwachte dann aus der
Trance und ging ins Haus, wo Inga gerade ihren Mor-
genkaffee zubereitete. Er drückte ihr einen Kuss auf die
Lippen und lächelte sie einfach nur an. Ein wenig verblüfft lächelte sie zurück. Liebevoll flüsterte er: »Das
wird ein sehr guter Tag.«

Nachwort

AUFRUF ZUR BEWUSSTEN EVOLUTION

Ich kann nicht all das Gute tun,
das die Welt braucht, aber die Welt
braucht all das Gute, das ich tun kann.

Jana Stanfield, Songwriterin, Philanthropin und
Mitglied des Transformational Leadership Council

Es ist kein Zufall, dass Sie dieses Buch zur Hand genommen haben. Die Geschichte der Goldenen Motorrad-Gang berührt jeden, der überzeugt ist, dass seine Existenz einen höheren Sinn hat und dass er einer Gruppe angehört, dazu bestimmt, das Leben auf der Erde zu verbessern. Sieben Milliarden Menschen bewohnen diesen Planeten, und keine einzelne Person oder Gruppe verfügt über das Wissen, die Führungsqualitäten und die Mittel, um das zu gewährleisten, was Barbara Marx Hubbard und andere Visionäre und Wissenschaftler als »Bewusste Evolution« bezeichnen.

Jack, Barbara, Bill und diejenigen, die mit der Geschichte der Goldenen Motorrad-Gang verbunden sind, glauben nicht, jedes globale Problem lösen zu können oder irgendeinem der zehn Millionen Menschen, die bereits gezielt daran arbeiten, für alle irdischen Geschöpfe die bestmöglichen Lebensbedingungen zu schaffen, in irgendeiner Weise überlegen zu sein. Doch sie sind gewillt, für ihre Überzeugungen einzutreten und andere willkommen zu heißen, die sich ihnen anschließen möchten.

Zweifellos ist die Welt mit vielerlei Krisen konfrontiert, und genau aus diesem Grund rufen wir Sie auf, Initiator(in) der Bewussten Evolution zu werden. Was dies konkret bedeutet, hängt jeweils von Ihnen ab. Eines jedoch müssen Sie zur Kenntnis nehmen: Jede(r) von Ihnen trägt maßgeblich zur positiven Weiterentwicklung des Lebens auf diesem Planeten bei. Daher legen wir Ihnen nahe, sich zunächst auf die positiven Aspekte in Ihrer unmittelbaren Umgebung zu besinnen und jene Angst oder Trägheit zu überwinden, die uns alle manchmal im Griff hat.

Niemand ist perfekt. Mit Jack Canfields Lebensgeschichte von der Geburt bis zum heutigen Tag wollten wir Ihnen zeigen, dass sogar derjenige, der unvorstellbaren Erfolg hat, immer wieder vor neuen Herausforderungen steht. In jungen Jahren wurde Jack die Vision der Goldenen Motorrad-Gang zuteil. Diese Vision half ihm, seinem höheren Ziel treu zu bleiben. Barbara Marx Hubbard hatte eine ähnliche Vision, ebenso wie Thomas Willhite, Stewart Emery und viele andere, die Jacks Leben beeinflussten. Von daher hoffen wir, dass auch Sie Ihrem höheren Ziel treu bleiben.

Wenn Sie nach einer Möglichkeit suchen, Ihr Lebensziel genauer zu erkennen oder ihm Ausdruck zu verleihen, so besuchen Sie die folgenden Websites:

www.shiftmovement.com,
www.barbaramarxhubbard.com,

www.birth2012.com,
www.goldenmotorcyclegang.com oder
www.jackcanfield.com.

Dort finden Sie Hinweise, wie Sie Ihre Erfahrungen sowohl in der Innenwelt als auch in der Außenwelt intensivieren und voll auskosten können. Wir vertreten die Auffassung, dass beide Bereiche gleich wichtig sind, um ein ausgeglichenes Leben zu führen und nachhaltige Veränderungen zu bewirken. Sie müssen wissen, wer Sie eigentlich sind, und nach innen gehen, um sicherzustellen, dass Ihr seelisches Haus in Ordnung ist. Wie jedes gewöhnliche Haus bedarf es der regelmäßigen Reinigung. Danach aber erwartet Sie eine weitere Aufgabe, nämlich mit anderen Menschen so zu interagieren, dass sich Ihre Werte, Anschauungen und Einsichten in der Praxis widerspiegeln.

Marci Shimoff, unsere gute Freundin und Mitglied des TLC, hat es auf den Punkt gebracht: Glücklich zu sein ist eine der wesentlichen Entscheidungen, die Sie treffen können. Autorin des Bestsellers *Happy for No Reason* (Glücklich ohne Grund!), behandelt sie häufig das Thema Glück. In dem Dokumentarfilm *Tapping the Source* zitiert Marci jenes wunderbare chinesische Sprichwort, das die direkte Verbindung zwischen dem seelischen Glück und dem Glück in der Familie, der Gemeinschaft, der Nation und schließlich in der ganzen Welt offenbart. Demzufolge besteht der wichtigste Beitrag zu allgemeinem Frieden und Glück darin, nach persönlichem Frieden und Glück zu streben. Die heutige Zeit kennzeichnet sich insbesondere dadurch, dass wir uns zum ersten Mal deutlich bewusst sind, wie tief greifend die eigenen Verhaltensweisen und Gefühle etliche Menschen beeinflussen können.

Jack Canfield hat sein ganzes Leben lang Leuten geholfen, Methoden und Maßnahmen zu entdecken, die sie bei jeder Tätigkeit bewusster, glücklicher und erfolgreicher machen. Dank der Einsichten von Barbara Marx Hubbard und anderen Visionären sehen wir jetzt, dass diese Methoden und Maßnahmen nicht nur dem individuellen und kollektiven Glück dienen, sondern einem noch höheren Zweck – nämlich dem evolutionären Wandel. Wer sich einer bestimmten religiösen Tradition verpflichtet fühlt, mag sich den evolutionären Wandel als Veränderung vorstellen, die mit seiner spirituellen Zielsetzung in Einklang steht und ihn näher zu Gott und dem höchsten Ausdruck von Göttlichkeit in sämtlichen Lebensbereichen führt.

Großer Einsatz ist vonnöten, um diese Welt zu ändern. Lassen Sie sich nicht täuschen von denen, die sagen, sie werde schon für sich selbst sorgen. Das wird sie nicht. Wissenschaftler haben die Beschaffenheit von Systemen untersucht, und unsere heutigen Systeme sind dabei zu kollabieren, ob in der Ökologie, der Wirtschaft, dem Geschäftsleben, der Politik, der Ausbildung oder dem Gesundheitswesen.

Ignoranz gegenüber diesen Zusammenbrüchen kann nur die Entropie und die Zerstörung unseres Planeten zur Folge haben.

Es ist nicht zu spät für den Wandel, und wie bei jeder Herausforderung müssen die ersten Maßnahmen weit ausholen. Jeder von uns verfügt über eine Reihe einzigartiger Talente und Gaben. Wir sind hier, um sie zu nutzen.

Daher ermuntern wir Sie, noch einmal jene fünf Fragen zu überdenken, die Barbara Marx Hubbard im Jahre 2003 mit auf den Weg gegeben wurden:

1. Was weißt du über den ursprünglichen Plan?
2. Erinnerst du dich daran, dass du zu diesem besonderen Zeitpunkt als Freiwillige(r) auf die Erde gehen wolltest, um ihr zu dienen?
3. Wenn ja, entsinnst du dich auch an deinen Vertrag?
4. Was kannst du am besten in der Welt, zu dem nur du imstande bist?
5. Was wirst du jetzt tun – und welche Hilfsmittel brauchst du dafür?

Die ersten drei Fragen müssen nicht unbedingt mit »Ja« beantwortet werden. Wenn Sie sich an Ihren ursprünglichen Vertrag und den speziellen Grund erinnern, warum Sie zur Erde kamen, ist das natürlich wunderbar und ein klares Zeichen, dass Sie der Goldenen, der Silbernen oder der Diamantenen Motorrad-Gang angehören. Die wirklich wichtigen Fragen sind die letzten beiden: »Was kannst du am besten in der Welt, zu dem nur du imstande bist?« und »Was wirst du jetzt tun – und welche Hilfsmittel brauchst du dafür?«

Vielleicht besteht gerade in dieser Zeit Ihr einzigartiges Talent und Ziel darin, Ihre Kinder zu bewussten und liebevollen Menschen zu erziehen, die Schulmannschaft zu trainieren, Klavierstunden zu geben, Senioren zu betreuen, in einem Hospiz auszuhelfen oder in einem Tierheim freiwillig Dienst zu tun. Möglicherweise sind Sie motiviert genug, um Lösungen für die Unterbringung von Obdachlosen zu finden, um der Gewalt, dem Hunger in der Welt, der sexuellen Sklaverei Einhalt zu gebieten, um Ökologie, politische Freiheit und Frieden zu fördern oder die Entrechteten zu stärken. Ihre Fähigkeit, die Botschaften der Goldenen Motorrad-Gang und die der Bewussten Evolution vielen Menschen zu übermitteln, stellt selbstverständlich auch eine hervorragende Qualität dar.

Entscheidend ist, dass Sie die Anstrengung unternehmen, ganz bewusst der beste Mensch zu sein, der Sie sein können, und sich gestatten, Ihren größten Traum zu träumen. Wenn Sie imstande sind zu fühlen, dass Sie auf der tiefsten Ebene mit allen Menschen, Tieren und Pflanzen wirklich verbunden sind, können Sie dank dieser Wahrnehmung etwas verändern. Wir wissen nicht genau, was Sie tun werden und wie Sie dabei vorgehen. Wir fordern Sie nur auf, Ihre Aktivitäten zu verstärken und mitzumachen. Die Welt braucht all das, was Sie geben können.

Außerdem legen wir Ihnen nahe, in Verbindung zu bleiben, also die in den Anhängen dieses Buches genannten Websites zu nutzen und Ihre einzigartigen Botschaften mitzuteilen. Wir begrüßen all Ihre Einträge, Videoclips und Informationen, die für Sie selbst und andere wertvoll sind. Wenn Sie eine Lösung gefunden haben, die in Ihrer Umgebung funktioniert, dann informieren Sie die Welt darüber. Machen Sie sich diese Websites zu eigen, denn ungeachtet dessen, wer Sie sind und welche Mittel Ihnen zur Verfügung stehen – Sie können und Sie werden etwas verändern. Sorgen Sie nur dafür, dass diese Veränderung die günstigste und zugleich wirkungsvollste ist, zu der Sie fähig sind.

Wir danken Ihnen, dass Sie unser Buch lesen und es mit anderen teilen. Vor allem aber danken wir Ihnen, dass Sie uns begleiten auf der Reise ins Ich, die uns allen ermöglicht, zusammenzuarbeiten und gemeinsam einen evolutionären Weg einzuschlagen, der unsere Ahnen und ihre Opfer ehrt und der es wert ist, dass unsere Urenkel und künftige Generationen geboren werden.

Wenn Sie über Ihren Lebenszweck nachdenken und sich fragen, wie Sie Ihre Zeit auf dem Planeten Erde verbringen möchten, so vergessen Sie nicht, dass die Vorstellungskraft Ihre wichtigste Qualität sein mag. Ihren Beiträgen und Werken sind nur jene Grenzen gesetzt, die Sie sich selbst vorgeben. Dieses Buch kam in Ihre Hände, damit Sie es lesen. Dass Sie dies tun, ist von Belang – nicht allein für Sie, sondern auch für jene, die Ihren Weg kreuzen und denen Sie neue Einsichten und Kenntnisse vermitteln.

Jetzt haben Sie die wunderbare Gelegenheit, Jack und den anderen auf ihrer Fahrt Gesellschaft zu leisten. Wir können nicht vorhersagen, was das für Sie bedeuten wird, hoffen jedoch, dass es Ihnen das gleiche Gefühl von Freude und Befreiung beschert, das Jack vor so vielen Jahren empfand, als er auf seinem goldenen Motorrad durch das Universum fuhr.

AKTIONEN FÜR DIE INITIATOREN
DER BEWUSSTEN EVOLUTION

Wir müssen bereit sein, das Leben loszulassen,
das uns vorschwebte, um das Leben zu führen,
das uns erwartet.

E. M. Forster

Gib dich nicht zufrieden mit Geschichten,
die vor dir erzählt wurden. Entwickle
deinen eigenen Mythos.

Dschalal ad-Din ar-Rumi,
persischer Dichter und Mystiker des 13. Jahrhunderts

Um mehr über die Idee der Bewussten Evolution zu erfahren, sollten Sie die folgenden Websites zurate ziehen:

www.goldenmotorcyclegang.com
www.barbaramarxhubbard.com
www.shiftmovement.com
www.birth2012.com

Dort finden Sie Informationen darüber, was es heißt, Initiator(in) der Bewussten Evolution zu sein. Sie kön-

nen mit den betreffenden Gruppen in Verbindung treten, deren Kurse und Veranstaltungen besuchen, um
auf diese Weise vielleicht Ihren höheren Lebenszweck
zu erfüllen.

Denjenigen, die Aktivisten der Bewussten Evolution
werden möchten, empfehlen wir nachdrücklich die
Teilnahme an den Workshops. Der Lehrplan wird – wie
auch die Idee der Bewussten Evolution selbst – ständig
weiterentwickelt, aber Barbara Marx Hubbard und Stephen Dinan von The Shift Network haben die wesentlichen Inhalte, die weiter unten aufgelistet werden, bereits zusammengefasst. Wer dieses Buch vor dem 22.
Dezember 2012 liest, kann die einschlägigen Informationen benutzen, um an den Events mitzuwirken, die
für den ersten Geburtstag der neuen Erde eingeplant
sind. Wer es zu einem späteren Zeitpunkt liest, kann
anhand der Informationen jene Organisationen und
Netzwerke kontaktieren, die Millionen von Menschen
rund um den Globus die Botschaft der Bewussten Evolution übermitteln und ihnen berichten, *was in der Welt
funktioniert.*

*Das Trainingsprogramm eröffnet drei
grundlegende Perspektiven:*

1. ein umfassendes Verständnis der Idee der
   Bewussten Evolution;

2. praktische Methoden zur Verwirklichung
   dieser Idee im eigenen Leben;

3. Aneignung spezifischer Fähigkeiten, um den Transformationsprozess zu fördern, zu steuern und dadurch die verschiedenen Gruppen miteinander in Einklang zu bringen.

Die zentralen Themen lauten:

- Die heilige Geschichte der Bewussten Evolution verbreiten.
- Die Entscheidung zur Weiterentwicklung treffen.
- Evolutionäre Spiritualität im Alltag verwirklichen.
- Den Wechsel vom Ego zur Essenz vollziehen.
- Ein Katalysator für soziale Evolution werden, indem man seinem inneren Kompass der Freude folgt.
- Gemeinsam mit innovativen Seelen ein Resonanz-feld erzeugen.
- Die Muster einer mitschöpferischen Gesellschaft entdecken.
- Den Weg bereiten für eine synergetische Demokratie.
- Erkennen, verknüpfen und mitteilen, *was funktioniert.*
- Aktiv teilnehmen an der Geburt 2012.
- Jenseits von 2012: ein universeller Mensch werden und die evolutionäre Agenda festlegen.
- Die Lebensreise würdigen.

Weitere Hinweise zum Programm finden Sie auf www.*theacetraining.com/ACE.*

NEUANFÄNGE

Der 21. und 22. Dezember 2012 markieren eine Zeit für Neuanfänge. Zahlreiche Organisationen bereiten für einen der zwei oder beide Tage große Veranstaltungen vor. Im vorliegenden Buch haben wir jene Aktionen dargestellt, die von Barbara Marx Hubbards Foundation for Conscious Evolution und The Shift Network durchgeführt werden. Daneben gibt es viele weitere Vereinigungen, die wunderbare Events planen. Unter der Leitung von Daniel Pinchbeck, Alex Theory, Violaine Corradi und Richard Lukens hat *www.unifyearth.com* ein Netzwerk von Netzwerken geschaffen, um sicherzustellen, dass aktuelle Lösungen sofort an Organisationen rund um den Globus weitergeleitet werden. In ähnlicher Weise kümmert sich Barbara Marx Hubbards Stiftung um *Lösungen, die funktionieren.*

Darüber hinaus ist das Buch *The Rainbow Bridge* von Brent Hunter erschienen, der auch die gleichnamige Bewegung (*TheRainbowBridge.org*) anführt. Sie zielt darauf ab, gemäß den universellen Grundsätzen der Weltreligionen die Brücke zu einer positiven, friedlichen Zukunft im 21. Jahrhundert zu schlagen und die Menschheit zu einen. *Push4Peace.org* ist die Website einer Organisation, die eine Milliarde Menschen für Friedensinitiativen in allen Ländern der Erde zu mobilisieren hofft.

Zweifellos werden Tausende andere Organisationen vergleichbare Anstrengungen unternehmen. Wir ermuntern Sie herauszufinden, welche davon Ihnen am meisten zusagt, und Ihre einzigartigen Talente und Perspektiven für Events und Kampagnen einzubringen, die während des gesamten 21. Jahrhunderts starken Rückhalt bieten sollen.

Wenn Sie dieses Buch vor dem 21./22. Dezember 2012 lesen, werden Sie frohgemut an den Vorbereitungen der Feiern anlässlich dieses dramatischen Zeitpunkts teilnehmen, der nur einmal in 26 000 Jahren eintritt. Im Laufe der beiden Tage werden dann große Kundgebungen stattfinden, Flashmobs, Webcasts und Podcasts, Livesendungen im Fernsehen, Happenings auf Twitter und Facebook, Videospiele, Webserien auf YouTube sowie viele weitere Ereignisse dieser Art.

Da unser Buch vor der endgültigen Ausarbeitung der Pläne für die Feiern in Druck geht, präsentieren wir an dieser Stelle nur *ein* mögliches Szenario für den 22. Dezember 2012, das von The Shift Network und der Foundation for Conscious Evolution entworfen wurde.

BIRTH 2012
CO-CREATING A PLANETARY SHIFT

A GLOBAL CELEBRATION OF CONSCIOUSNESS, COMMUNITY, CREATIVITY, AND COLLABORATION

Sag es mir, und ich werde es vergessen.
Zeig es mir, und ich mag mich daran erinnern.
Beteilige mich, und ich werde verstehen.
Konfuzius

AUFTRAG

Es gilt, die höchste Stufe planetarischer Kohärenz herzustellen, die je an einem einzigen Tag erreicht wurde. Durch intensive Erfahrungen kollektiver Besinnung, verschiedene Feiern des Gemeinschaftsgeistes, Kreativität und weltumspannende Zusammenarbeit hoffen wir, das individuelle und globale Bewusstsein zu wecken und in der Weise zu verändern, dass eine universelle Menschheit geboren wird.

ZIEL

Ein Publikum rund um den Globus soll sich 24 Stunden lang mit Kunst, Musik, Zeremonie, Aktivismus beschäftigen, um so die Achtung vor der *ganzen* Menschheit zum Ausdruck zu bringen. Dieses Ereignis wird den Übergang zu einer bewussteren, friedlicheren, beständigeren, gesünderen und glücklicheren Welt erleichtern.

DEMOGRAFISCHE VORGABE

Es sollen – unabhängig von Alter, Geschlecht, Herkunft, Glaubensrichtung und sozioökonomischer Stellung – mehr als 100 Millionen Menschen in allen Ländern der Erde erreicht werden.

TAGESABLAUF (Beispiel)

8.00 Uhr: Gebet und Meditation

Vorgeschlagen wird eine Meditation über die planetarische Geburt (begleitet von Musik und Gesang):

Versetze dich ins Universum, wie Astronauten es tun.

Empfinde die ekstatische Freude, schwerelos im Raum zu schweben, und betrachte deinen Planeten als einen lebendigen Körper.

Fühle, dass die neue Erde allmählich erwacht und sich ihrer selbst als ganzes planetarisches Wesen bewusst wird.

Sieh jetzt als universeller Mensch dein Selbst eingebunden in den planetarischen Körper, während es sich bemüht, den ersten rhythmischen Atemzug zu tun und all seine Glieder zu beleben.

Spüre, dass Millionen von Menschen genauso wie du den Wunsch haben, größer zu sein und mehr zu geben, füreinander zu sorgen wie auch für das Leben auf der Erde.

Die Zeit unseres kollektiven Erwachens ist nahe. Die Stunde unserer planetarischen Geburt ist gekommen.

Öffne deine inneren Augen und nimm das Licht wahr, den Impuls der Schöpfung, der seit Milliarden von Jahren aus dem völligen Nichts das unermessliche Sein erschafft.

Höre den Widerhall, der uns miteinander in Einklang bringt. Stell dir all das vor, was Verbindung und Übereinstimmung bewirkt. Wir sind in der Lage, uns zu ernähren, zu bekleiden und zu beherbergen. Gemeinsam können wir jede Schwierigkeit überstehen.

Zeige dein erstes planetarisches Lächeln.

Wir sind eins. Wir sind gut. Wir sind ganz. Wir sind geboren.

Frage dich nun: Was ist mein Geschenk für das kosmische Kind, die Menschheit? Was soll ich hier und heute tun, um diesen Geburtsvorgang zu unterstützen? Was brauche ich dafür?

Notiere deine Antworten und sende sie an The Shift Network: www.Birth2012.com.

9.00 bis 9.45 Uhr: Weltumspannender Gesang

Auf Kiritimati (Weihnachtsinsel), einem Atoll im Zentralpazifik, wo das Neue Jahr beginnt, stimmen die Bewohner einen Wechselgesang an, der durch die ganze Welt geht. Die jeweils fünfzehnminütigen Gesänge passieren die Zeitzonen.

**9.45 bis 11.15 Uhr: Yoga und andere Formen
bewusster Bewegung wie Tai-Chi, Qigong usw.**

Yogastudios schließen sich der Bewegung *Geburt
2012* an. Die Lehrer geben einen Kurs, in dem alle
Schüler ihre Aufmerksamkeit auf solche Aspekte
wie globale Einheit, Frieden, Nachhaltigkeit und
Mitgefühl richten. Ein Teil der Zeit kann auch den
Anliegen einer bestimmten Wohltätigkeitsorgani-
sation gewidmet werden.

**10.00 bis 12.00 Uhr: Weltweit ausgestrahlte
Sendungen**

In Kinos, im Internet und auf großen Leinwänden
in städtischen Zentren (etwa am New Yorker
Times Square) präsentiert The Shift Network Sendungen zur Geburt 2012. Darin werden beispiels-
weise folgende Themen behandelt:

· Kinderchor – ein Kind aus jedem Land der Welt.

· Die kosmische Geschichte vom Urknall bis
  heute.

· Die bisherige Entwicklung der Bewegung
  Geburt 2012.

· Vision, wohin wir gehen und was wir
  gemeinsam tun können.

12.00 bis 15.00 Uhr: Dienst für andere

Vor dem Ereignis werden wir einschlägige Organisationen und religiöse Gemeinschaften bitten, sich ganz in den Dienst der Bewegung *Geburt 2012* zu stellen. Zusammen mit deren Vertretern werden die Teilnehmer freiwillig Aufgaben im Sozialbereich erledigen.

13.30 Uhr: Flashmobs

Die Flashmobs setzen sich dafür ein, den Gemeinschaftsgeist zu stärken.

15.00 bis 17.00 Uhr: Kohärenz erzeugende Erfahrungen

Weitere Aktivitäten, um den Einklang zwischen allen Menschen herzustellen.

17.00 bis 18.00 Uhr: Trommeln, Kirtan, Tanz, Reden

Ein Aufruf an Künstler, Musiker und Aktivisten, öffentliche Orte ausfindig zu machen, wo sie ihre Kunst ausüben können.

18.00 Uhr: Feuerzeremonie: Ein Bekenntnis zum Weltbürgertum

**19.00 Uhr: Lokale Abend- oder Festessen
für die Welt**

Jeder Teilnehmer wird gebeten, Speisen für die
Unterprivilegierten mitzubringen. Das Mahl kann
mit Kuchen und der Geburt-2012-Kerzenzeremonie
ausklingen.

20.30 Uhr: Musik, Tanz

23.59 Uhr: Schlussritual

Anhang 3

MITGLIEDERLISTE DES TRANSFORMATIONAL LEADERSHIP COUNCIL (TLC)

Wie Sie in diesem Buch gelesen haben, wurde der TLC von Jack Canfield gegründet, um führende Unternehmer in den Bereichen transformationelles Coaching und transformationelle Medien mit Leitfiguren des transformationellen Denkens in *einer* Vereinigung zusammenzubringen. Viele dieser Mitglieder bieten weiterhin Trainingsprogramme, Workshops und Beratung an, damit Sie selbst als auch Ihre Mitarbeiter die Reise ins Ich fortsetzen können.

Daher ermuntern wir Sie, nachfolgende Websites zu besuchen, die Mitglieder und ihre Arbeit näher kennenzulernen und in Verbindung zu treten mit jenen, deren Programme und Projekte vielleicht genau das beinhalten, was in der jetzigen Lebensphase für Ihre eigene Weiterentwicklung notwendig ist.

Raymond Aaron/www.MonthlyMentor.com
Arjuna Ardagh/www.awakeningcoachingtraining.com
Will Arntz
Janet Attwood/www.thepassiontest.com
Chris Attwood/www.enlightenedalliances.com

Patty Aubery/www.chickensoupforthesoul.com
Barnet Bain/www.barnetbain.com
Anat Baniel/www.anatbanielmethod.com
Blaine Bartlett/www.avatar-resources.com
Bill Bauman/www.billbauman.net
Michael Beckwith/www.agapelive.com
Rickie Beckwith/www.apagelive.com
Pete Bissonette/www.learningstrategies.com
Ray Blanchard/www.gettheanswer.org
Nicole Brandon/www.NicoleBrandonWorldwide.com
Lee Brower/www.quadrantliving.com
David Buck/www.coachville.com
Jim Bunch/www.jimbunch.com
Inga Canfield
Jack Canfield/www.jackcanfield.com
Sonia Choquette/www.soniachoquette.com
Joyce Chupka
John Chupka/www.forgivenesscenter.org
Cherie Clark/www.doinglife.com
Scott Coady/www.embodiedwisdom.com
DC Cordova/www.excellerated.com
Stephen, M.R. Covey/www.coveylink.com
Sydney Cresci/www.makeachangejourneys.com
Steve D'Annunzio/www.theprosperityparadigm.com
Katie Darling/www.soulwave.org
Sandy Davis/www.zillience.com
John Dealey/www.smileworld.com
Zen DeBrucke/www.smartsoulacademy.com
John Demartini/www.drdemartini.com
Scott de Moulin/www.destinytraining.com
Bobbi DePorter/www.QLN.com
Marie Diamond/www.mariediamond.com

Stephen Dinan/www.theshiftnetwork.com
Mike Dooley/www.tut.com
Ken Druck/www.jennadruck.org
Joanne Dunleavy/www.newagreementscoaching.com
Hale Dwoskin/www.sedona.com
Peter Einstein/www.EcoActiveAmerica.com
Dave Ellis/www.fallingawake.com
Stewart Emery/www.belvedereconsultants.com
Joan Emery/www.belvedereconsultants.com
Roxanne Emmerich/www.roxanneemmerich.com
Cheryl Esposito/www.alexsaconsulting.com
Rob Evans
Arielle Ford/www.arielleford.com
Mike Foster/www.fosterinstitute.com
Bill Galt
John Gray/www.marsvenus.com
Robert Guralnick
Deirdre Hade/www.deirdrehade.com
Roger Hamilton/www.resultsfoundation.com
Jim Hardt/www.biocybernaut.com
Gay Hendricks/www.spiritualcinemacircle.com
Christine Hibbard/www.christinehibbard.org
Raz Ingrasci/www.hoffmaninstitute.org
Lise Janelle/www.centreforheartliving.com
Fred Johnson/www.frejon.org
Stephen Josephs/www.leadershipagility.com
Cynthia Kersey/www.unstoppable.net
Shelly Lefkoe/www.lefkoeinstitute.com
Morty Lefkoe/www.lefkoeinstitute.com
Chunyi Lin/www.springforestqigong.com
Willson Lin/www.doers.cn
Greg Link/www.coveylink.com

Robert MacPhee/www.heartset.com
Jeddah Mali/www.jeddahmali.com
Fabrizio Mancini/www.parkercc.edu
Alex Mandossian/www.alexmandossian.com
Rick Mars
Howard Martin/www.heartmath.com
Marcia Martin/www.1degree-media.com
Scott Martineau/www.consciousone.com
Tom McCarthy/www.tommccarthy.com
Mark McKergow/www.sfwork.com
Corrine McLaughlin/www.visionarylead.org
Lynne McTaggart/www.livingthefield.com
Enrico Melson/www.IAmTheJourney.com
Ivan Misner/www.bni.com
Dianne Morrison/www.morrisonmcnabb.com
Sue Morter/www.drsuemorter.com
Lisa Nichols/www.lisa-nichols.com
Gabriel Nossovitch/www.gabrieln.com
Nick Ortner/www.thetappingsolution.com
Steve Pavlina/www.stevepavlina.com
John Perkins/www.johnperkins.org
James Redmond/www.dynamicvideos.net
Neal Rogin/www.awakeninguniverse.com
Genpo Roshi/www.genpo.org
Deborah Rozman/www.quantumintech.com
Martin Rutte/www.martinrutte.com
Nancy Salzman/www.nxivm.com
Paul Scheele/www.learningstrategies.com
Robert Scheinfeld/www.bobscheinfeld.com
James Selman/www.paracomm.com
Marci Shimoff/www.marcishimoff.com
Yakov Smirnoff

Donna Steinhorn/www.coachingtosuccess.com
Guy Stickney
Orjan Strindlund/www.coachpower.se
Terry Tillman/www.positivedeviantnetwork.com
Lynne Twist/www.soulofmoney.org
Nina Utne
Joe Vitale/www.joevitale.com
Matt Weinstein/www.playfair.com
Maggie Weiss/www.pacificedge.us
Marcia Wieder/www.dreamuniverstiy.com
Jane (JC) Willhite/www.psiseminars.com
Marianne Williamson/www.marianne.com
Mikki Willis/www.ElevateCollective.com
Stephanie Wolf/www.sportsmind.com
David Wood/www.solutionbox.com
David Wood/www.davidtraining.com
Sandra Yancey/www.eWomenNetwork.com
Tyson Young

Anhang 4

LISTE WEITERER ORGANISATIONEN

Hier folgt eine Liste weiterer Organisationen und ihrer wichtigsten Mitglieder, die die Konzepte des transformationellen Coachings und der Bewussten Evolution geprägt haben.

Evolutionary Leaders

Diese Gruppe bekannter Autoren, Pädagogen, Wissenschaftler, Sozialunternehmer, Geschäftsexperten, geistiger Lehrmeister und Journalisten wurde am 26. Juli 2008 im Chopra Center, Carlsbad, Kalifornien, gegründet von Deepak Chopra, Vorsitzender des Chopra Center, Diane Williams, Vorsitzende der Synergy Foundation, und Barbara Fields, Geschäftsführerin der Association for Global New Thought. Alle Mitglieder stellen ihr Wirken in den Dienst der Bewussten Evolution. Sie treten einmal jährlich zusammen – oder ad hoc zur Unterstützung von Projekten, die einen direkten Einfluss auf die kollektive Erfahrung der Bewussten Evolution haben. Das gilt insbesondere für solche Events, ob live oder virtuell, bei denen Menschen auf der ganzen Welt gemeinsam die Zukunft gestalten.

www.evolutionaryleaders.net

Don Beck

Michael Bernard Bek-
kwith

Joan Borysenko

Gregg Braden

Patrick Brauckmann

Rinaldo Brutoco

Jack Canfield

Scott Carlin

Deepak Chopra

Mallika Chopra

Andrew Cohen

Dale Colton

Wendy Craig-Purcell

Stephen Dinan

Gordon Dveirin

Duane Elgin

Barbara Fields

Arielle Ford

Debbie Ford

Ashok Gangadean

Kathleen Gardarian

Tom Gegax

Mark Gerzon

Charles Gibbs

Craig Hamilton

Kathy Hearn

Brian Hilliard

Jean Houston

Barbara Marx Hubbard

Van Jones

Ervin Laszlo

Bruce Lipton

Howard Martin

Judy Martin

Fred Matser

Rod McGrew

Steve McIntosh

Lynne McTaggart

Nipun Mehta

Nina Meyerhof

Deborah Moldow

James O'Dea

Carter Phipps

Carolyn Rangel

Ocean Robbins

Rustum Roy

Peter Russell

Elisabet Sahtouris

Yuka Saionji

Gerard Senehi

Christian Sorensen

Emily Squires

Brian Swimme

Katherine Woodward
Thomas

Lynne Twist

Diane Williams

Marianne Williamson

Tom Zender

IONS

Das Institute of Noetic Sciences wurde 1973 von Edgar Mitchell, Astronaut der Apollo 14, gegründet mit dem Auftrag, durch Bewusstseinsforschung und pädagogisches Engagement die individuelle und kollektive Transformation zu fördern. Der Begriff *Noetik* geht auf das griechische Wort *nó sis* zurück, das die Lehre vom Denken, das Erkennen geistiger Gegenstände bezeichnet. Gegenwärtig ist Marilyn Mandala Schiltz die Vorsitzende und Geschäftsführerin.

IONS
101 San Antonio Road
Petaluma, California 94952
www.noetic.org

Esalen Institute

Das 1962 gegründete Esalen Institute liegt im Küstenabschnitt von Big Sur, Kalifornien. Während der letzten fünf Jahrzehnte fanden dort innovative Workshops für mehr als 300 000 Teilnehmer statt. Im Rahmen von interdisziplinären Forschungsinitiativen, Tagungen und Praktika werden – jenseits religiöser, wissenschaftlicher und anderer Dogmen – neue Möglichkeiten zur harmonischen Entfaltung des ganzen Menschen erforscht, um die persönliche und soziale Weiterentwicklung zu fördern. Die Schönheit und Erhabenheit des etwa 11 Hektar großen Anwesens, das herrliche Ausblicke auf Berge, Täler und Meer bietet, ist geradezu geschaffen dafür, magische Momente und Zustände höheren Bewusstseins zu erleben.

Esalen Institute
55000 Highway 1
Big Sur, California 93920
www.esalen.org

Bill James
Mary Ellen Klee
Nancy Lunney-Wheeler
David Lustig
Tricia McEntee

Anisa Mehdi
Michael Murphy
Gordon Wheeler
Sam Yau

Omega Institute

Das 1977 gegründete Omega Institute for Holistic Studies ist eine der anerkanntesten Einrichtungen für persönliche Entwicklung und ganzheitliches Wohlbefinden der USA. Auf seinem knapp 78 Hektar großen Campus in Rhinebeck, New York, eingebettet ins wunderbare Hudson Valley, sowie an weiteren Standorten in Kalifornien und Costa Rica empfängt das Institut jedes Jahr mehr als 25 000 Besucher für Workshops, Tagungen und Retreats. Es bietet ihnen neuartige Lernerfahrungen im Hinblick auf die Verbindung von moderner Medizin und natürlichen Heilverfahren, von Wissenschaft, Spiritualität und Kreativität und bringt auf diese Weise die besten Eigenschaften des menschlichen Geistes zum Vorschein. Ziel ist es, dem Einzelnen wie der Gemeinschaft die Botschaft der Heilung und der Hoffnung zu vermitteln.

Omega Institute for Holistic Studies
150 Lake Drive
Rhinebeck, New York 12572
eomega.org

Stephan Rechtschaffen   Sheryl Lamb
Elizabeth Lesser   Walter Link
Gary Krauthamer   Renee Martin-Nagle
Patty Goodwin   David Orlinsky
Nigol Koulajian

Pachamama Alliance

Pachamama bezeichnet im Quechua der Andenvölker
die personifizierte Mutter Erde und im weiteren Sinne
auch die Erde selbst, Himmel, Universum und Ewigkeit.
Das Bündnis sieht seine Aufgabe darin, die indigenen
Bewohner des Amazonasgebiets im Kampf um die Er-
haltung ihres Landes und ihrer Kultur zu unterstützen.
Zu diesem Zweck finden Beratungen und Lehrveranstaltungen über die Rechte indigener Völker nach
Maßgabe lokaler, nationaler und internationaler Ge-
setze statt. Zusammen mit der Schwesterorganisation
Fundación Pachamama engagiert sich Pachamama Alliance in weiten Teilen Südamerikas für Entwicklungs-
projekte im Einklang mit der Natur. Aufgrund der dabei
gewonnenen Einsichten werden Menschen rund um
den Globus instruiert und inspiriert, eine gerechte, har-
monische und zukunftsfähige Welt zu schaffen.

www.pachamama.org
info@pachamama.org

Lynne Twist, Gründerin
Bill Twist, Gründer
John Perkins, Gründer

Four Years. Go

Die Kampagne Four Years. Go entstand 2010, um den Lauf der Geschichte bis 2014 zu ändern und die Menschheit zu einer von Gerechtigkeit, Wohlstand und Nachhaltigkeit geprägten Lebensweise zu führen. In diesen vier Jahren sollen Milliarden von Menschen erreicht werden, von denen 200 Millionen für dieses Ziel eintreten und mindestens 150 Millionen aktiv die entsprechenden Maßnahmen ergreifen sollen. Die Kampagne erfolgt über Internet, soziale Netzwerke sowie traditionelle Werbung und Organisation.

Four Years. Go wurde von der Pachamama Alliance in Verbindung mit der internationalen Werbeagentur Wieden+Kennedy initiiert. Zu den ursprünglichen Gründern gehören Bill und Lynne Twist, Jon Love, Dan Wieden und Mark Dubois. Sehr schnell zog die Plattform Partner und Verbündete an. Inzwischen haben sich ihr bereits über 1300 Vereinigungen angeschlossen, darunter Earth Day und Sierra Club.

www.fouryearsgo.org

Video auf YouTube:
www.youtu.be/watch?v=N5mqU_f8mG4

Grußbotschaft von Jack Canfield:
www.youtube.com/watch?v=nTCR5LkGh8A&feature=r elmfu

Grußbotschaft von Barbara Marx Hubbard:
www.youtube.com/watch?v=ErptPmO3_rc&feature=re lmfu

Institute of HeartMath

Das Institute of HeartMath ist eine internationale For-
schungs- und Ausbildungsstätte, die Menschen ermöglicht, Stress abzubauen, Gefühle zu steuern, Energie-
niveau und Spannkraft zu heben mit dem Ziel, ein
gesünderes, produktiveres und glücklicheres Leben zu
führen. Das Bemühen um einen Zustand von globaler
Kohärenz ist und bleibt das zentrale Anliegen der Organisation.

Institute of HeartMath®
14700 West Park Avenue
Boulder Creek, California 95006
www.heartmath.org

Doc Childre, Gründer	Howard Martin
Katherine Floriano	Toni Roberts
Hobart S. Johnson	Sandra »Sandy« Royall
Brian Kabaker	Deborah Rozman
Donna Koontz	Claire Shafe

The Shift Network

Die Organisation widmet sich der Aufgabe, jenen evolutionären Bewusstseinswandel zu fördern, der zu einer spirituell aufgeklärten Weltgesellschaft führt, ba-
sierend auf den Grundsätzen Frieden, Gesundheit,
Nachhaltigkeit und Engagement.

www.theshiftnetwork.com

Stephen Dinan

Devaa Haley Mitchell

Craig Kugel

Emily Hine

Alison Weeks

Rebecca Bell Massoud

Michael Barrette

Deborah Dove Eudene

Jeffrey Kihn

Michael DuBois

Ben Hart

Club of Budapest

Der Club of Budapest ist eine globale Organisation, die 1993 von dem Systemtheoretiker und Philosophen Dr. Ervin Laszlo gegründet wurde. Durch die Förderung eines planetarischen Bewusstseins dient sie als Katalysator des Wandels zu einer zukunftsfähigen Welt. In einzigartiger Weise konzentriert sie sich darauf, Spiritualität, Wissenschaft und Kunst ebenso miteinander zu verbinden wie Kulturen und Generationen. Weltweit wird die Lernfähigkeit von Gemeinschaften unterstützt, damit diese dann umso rascher die Entwicklung des planetarischen Bewusstseins vorantreiben, ohne das die Welt die heutigen wirtschaftlichen, politischen und sozialen Herausforderungen kaum bestehen kann.

Dr. Ervin Laszlo ist unter anderem der Verfasser des 2008 erschienenen Buches *Worldshift 2012* (Weltwende: Wie eine grüne Wirtschaft, neue Politik und ein höheres Bewusstsein die Zukunft gestalten). Daraus entwickelten sich zahlreiche eigenständige Initiativen, die in Verbindung mit dem Club of Budapest durchgeführt werden.

www.clubofbudapest.org

Worldshift-Initiativen

Soziales Netzwerk und Kampagne:
www.worldshift2012.org

Worldshift-Bewegung:
www.worldshiftmovement.org

Worldshift 20 Council
(Gegenstück zu der G-20, der Gruppe der zwanzig wichtigsten Industrie- und Schwellenländer):
www.worldshiftcouncil.org

Worldshift Media:
www.worldshiftmedia.org

Worldshift Network:
www.worldshiftnetwork.org

Worldshift Community:
www.worldshiftcommunity.org

Bioneers

Die Organisation Bioneers, gegründet im Jahr 1990, bringt Innovatoren aus allen Disziplinen zusammen, um Lösungen für wichtige Umwelt- und Gesellschaftsprobleme zu untersuchen, zu diskutieren und zu verbreiten. 2008 besuchten über 12000 Personen die Tagung, die durch ein Netzwerk von Netzwerken mehrere Hunderttausend Menschen miteinander verband, allesamt bestrebt, positive Veränderungen für eine zukunftsfähige Welt herbeizuführen.

Bioneers
Collective Heritage Institute
1607 Paseo De Peralta #3
Santa Fe, New Mexico 87501
www.bioneers.org

Polly Howells

Gay Dillingham

Hugo Steensma

Melissa K. Nelson

Kenny Ausubel

Charlotte Brody

Dune Lankard

Elizabeth Kapu'uwailani Lindsey

Chief Oren Lyons

David Orr

Nina Simons

Lynne Twist

Greg Watson

Anhang 5

ZUSÄTZLICHE QUELLEN

Bücher von Jack Canfield:

Die *Chicken Soup for the Soul*®-Serie umfasst über 200 Bücher, von denen 60 auf Bestsellerlisten kamen, unter anderem in der *New York Times*. Die wichtigsten Titel seien im Folgenden genannt.

Canfield, Jack, and Mark Victor Hansen, *Chicken Soup for the Soul: 101 Stories to Awaken the Heart and Rekindle the Spirit*, Deerfield Beach, FL: Health Communications Inc. 1993. (*Hühnersuppe für die Seele: Geschichten, die das Herz erwärmen*, München: Goldmann 1996 [13. Auflage].)

Canfield, Jack, and Mark Victor Hansen, Arlene McGraw Oberst, John Boal and Tom & Laura Lagana, *Chicken Soup for the Volunteer's Soul*, Deerfield Beach, FL: Health Communications Inc. 2002.

Canfield, Jack, and Mark Victor Hansen, *Chicken Soup for the Teacher's Soul: 101 Stories to Open the Hearts and Inspire the Souls of Educators*, Deerfield Beach, FL: Health Communications Inc. 2002.

Canfield, Jack, and Mark Victor Hansen, Jeanna Gabel-
lini and Eva Gregory, *Chicken Soup for the Soul. Life Les-
sons for Mastering the Law of Attraction: 7 Essential Ingre-
dients for Living a Prosperous Life*, Deerfield Beach, FL:
Health Communications Inc. 2008. (*Das Erfolgsprinzip.
Gewinnen Sie das Glück: 7 Erfolgsrezepte für ein erfülltes
Leben*, Kirchzarten: VAK Verlag 2009 [2. Auflage].)

Canfield, Jack, and Mark Victor Hansen & Amy New-
mark, *Chicken Soup for the Soul: Think Positive – 101 Inspirational Stories about Counting Your Blessings and
Having a Positive Attitude*, Cos Cob, CT: Chicken Soup
for the Soul Publishing, LLC, 2010.

Canfield, Jack, and Mark Victor Hansen & LeAnn Thie-
man, *Chicken Soup for the Soul: A Book of Miracles – 101
True Stories of Healing Faith, Divine Interventions, and
Answered Prayers*, Cos Cob, CT: Chicken Soup for the
Soul Publishing, LLC, 2010.

Canfield, Jack, Mark Victor Hansen, Candice C. Carter,
Susanna Palomares, Linda K. Williams and Bradley L.
Winch, *Chicken Soup for the Soul: Stories for a Better
World*, Deerfield Beach, FL: Health Communications
Inc. 2005.

*Weitere Bücher, Audio-CDs und DVDs
von Jack Canfield:*

Canfield, Jack, and Mark Victor Hansen and Les Hewitt,
The Power of Focus: How to Hit Your Business, Personal

and Financial Targets with Absolute Certainty, Deerfield Beach, FL: Health Communications Inc. 2000.

Canfield, Jack, and Mark Victor Hansen, *Dare to Win*, New York: Berkley Publishing Group 1994.

Canfield, Jack, and Mark Victor Hansen, *The Aladdin Factor: How to Ask for and Get Everything You Want in Life*, New York: Berkley Publishing Group 1995. (*Der Aladin-Faktor. Das mentale Erfolgsprogramm für Privatleben und Beruf*, Berlin: Econ Verlag 2000.)

Canfield, Jack, Gay Hendricks and Carol Kline, *You've Got to Read This Book! 55 Inspirational Stories about the Life-Changing Power of Books*, New York: HarperCollins 2006.

Canfield, Jack, and Janet Switzer, *The Success Principles: How to Get from Where You Are to Where You Want to Be*. New York: HarperCollins 2005.

Canfield, Jack, *How to Get from Where You Are to Where You Want to Be: 25 Principles of Success*, London: HarperElement 2007.

Canfield, Jack, and Kent Healy, *The Success Principles for Teens: How to Get from Where You Are to Where You Want to Be*, Deerfield Beach, FL: Health Communications Inc. 2008.

Canfield, Jack, and D. D. Watkins, *Jack Canfield's Key to Living the Law of Attraction: A Simple Guide to Creating the Life of Your Dreams*, Deerfield Beach, FL: Health Communications Inc. 2008. (*Jack Canfields Schlüssel zum Gesetz der Anziehung: So machen Sie Ihre Lebensträume wahr*, Kirchzarten: VAK Verlag 2010 [4. Auflage].)

Canfield, Jack, and D.D. Watkins, *Gratitude: A Daily Journal*, Deerfield Beach, FL: Health Communications Inc. 2008.

Canfield, Jack, *The Success Principles: Your 30 Day Journey from Where You Are to Where You Want to Be*. (6 CDs mit 98-seitigem Arbeitsbuch zum 30-Tage-Kurs), Santa Barbara, CA: The Canfield Training Institute 2003. www.jackcanfield.com.

Canfield, Jack, *The Success Principles* (DVD), produziert von Better Life Media 2006. www.betterlifemedia.com.

Canfield, Jack, *Effortless Success*: *Living the Law of Attraction*. (8 CDs mit Arbeitsbuch zum Gesetz der Anziehung), Minnetonka, MN: Learning Strategies Corporation 2008. www.learningstrategies.com.

Gaiam Portraits: *Jack Canfield – Discover Your Soul Purpose* (DVD), produziert von Gaiam 2011. www.gaiam.com.

Bücher und DVDs von William Gladstone:

Gladstone, William, *The Twelve*, New York: Vanguard Press 2009. (*Die Zwölf: Der 2012-Roman*, Berlin: Ullstein 2010.)

Gladstone, William, Richard Greninger and John Selby, *Tapping the Source*. New York: Sterling Publishing 2010. (*Das Geheimnis des Glücks: Mit dem Masterkey-System zur wahren Quelle vorstoßen*. Berlin: Allegria 2011.)

Gladstone, William, Richard Greninger and Gayle Newhouse, *Tapping the Source* (DVD), produziert von Waterside Productions 2010. www.tappingthesourcemovie.com.

Gladstone, William, Gayle Newhouse and John Woods, *Tapping the Source. The Original Course*. www.tappingthesourcemovie.com.

Gladstone, William, Gayle Newhouse and Clay Stevens, *Tapping the Source. The Game*. www.tappingthesourcemovie.com.

Gladstone, William, Richard Greninger and Gayle Newhouse, *Voices and Faces from the Source*. DVD-Serie. www.tappingthesourcemovie.com .

Anhang 6

BÜCHER ÜBER DAS PHÄNOMEN 2012 (Auswahl)

Argüelles, José, *The Mayan Factor: Path Beyond Technology*, Rochester, VT: Bear & Company 1987. (*Der Maya-Faktor. Geheimnisse einer außerirdischen Kultur*, München: Goldmann 1994.)

Argüelles, José, *Manifesto for the Noosphere: The Next Stage in the Evolution of Human Consciousness*, Berkeley, CA: Evolver Editions 2011.

Braden, Gregg, Peter Russell, Daniel Pinchbeck, et al., *The Mystery of 2012: Predictions, Prophecies, and Possibilities*, Louisville, CO: Sounds True Publishing 2007. (Audio-CD ist ebenfalls verfügbar.)

Christi, Nicolya, *2012: A Clarion Call: Your Soul's Purpose in Conscious Evolution* (Worldshift Books), Rochester, VT: Bear & Company 2011.

Clow, Barbara Hand, *The Mayan Code: Time Acceleration and Awakening the World Mind*, Rochester, VT: Bear & Company 2007. (*2012 – Der Maya-Code. Beschleunigte Zeit und das Erwachen des globalen Bewusstseins*, Hanau: Amra Verlag 2010.)

Gladstone, William, *The Twelve*, New York: Vanguard Press 2009. (*Die Zwölf: Der 2012-Roman*, Berlin: Ullstein 2010.)

Jenkins, John Major, and Terence McKenna, *Maya Cosmogenisis 2012: The True Meaning of the Maya Calendar End-Date*, Rochester, VT: Bear & Company 1998.

Melchizedek, Drunvalo, *Serpent of the Light Beyond 2012: The Movement of the Earth's Kundalini and the Rise of the Female Light, 1949 to 2013*, Newburyport, MA: Weiser Books 2008. (*Schlange des Lichts. Jenseits von 2012. Das Erwecken der Erd-Kundalini und das Erwachen des weiblichen Lichts*, Burgrain: Koha Verlag 2008.)

Michell, John, and Christine Rhone, *Twelve-Tribe Nations: Sacred Number and the Golden Age*, Rochester, VT: Inner Traditions 2008.

Page, Christine R., *2012 and the Galactic Center: The Return of the Great Mother*, Rochester, VT: Bear & Company 2008.

South, Stephanie, 2012. *Biography of a Time Traveler: The Journey of José Argüelles*, Franklin Lakes, NJ: Career Press 2009.

Walsch, Neale Donald, *The Mother of Invention: The Legacy of Barbara Marx Hubbard and the Future of YOU!*, Carlsbad, CA: Hay House 2011.

Anhang 7

THOMAS WILLHITES MOTORRADKURS

Im Folgenden sind die ersten 13 der 107 Punkte aus Thomas Willhites Kurs über die Wartung von Motorrädern und die beim Fahren wesentlichen Fähigkeiten aufgelistet.

Der komplette Kurs ist als E-Book bei *www.golden-motorcyclegang.com* erhältlich.

Diese zeitlosen Ratschläge sind sehr lehrreich und wertvoll – auch für diejenigen, die nicht die Absicht haben, Motorrad zu fahren.

1. Sie sind verantwortlich dafür, wohin Sie fahren, wie Sie fahren und wo Sie ankommen.

2. Sie müssen Ihre Position auf dem Motorrad (Ihre Einstellung) so ausrichten, dass sie mit Ihrem gegenwärtigen Zustand ebenso übereinstimmt wie mit Ihrem Ziel.

3. Kümmern Sie sich sorgfältig um Ihre Ausrüstung.

4. Lassen Sie sich von Ihrem Ego nicht zu etwas hinreißen, auf das Sie nicht vorbereitet sind.

5. Auf ebener Strecke geradeaus fahren kann jeder. Eine viel größere Anstrengung ist vonnöten, um Biegungen und Kurven zu meistern, Berge hinauf- und

hinunterzufahren. Das Motorrad ist eine Metapher für das Leben.

6. *Sie* wählen das Benzin für Ihr Motorrad. Gutes Benzin erleichtert die Fahrt.

7. Das Getriebe ist dazu da, den Gang je nach den Erfordernissen des Weges zu wechseln.

8. Sie müssen auf die Straße vor Ihnen achten, denn Sie fahren in genau jene Richtung, die Ihr Blick fixiert.

9. Je mehr Sie das Fahren üben, desto besser werden Sie fahren.

10. Nur Sie können Ihr Motorrad in der für Sie typischen Weise fahren.

11. Sie müssen mental und physisch auf die Motorradfahrt vorbereitet sein. Jede Selbstzufriedenheit oder Nachlässigkeit wird sich rächen und einen Unfall zur Folge haben, den Sie um jeden Preis vermeiden wollen.

12. Ihr Motorrad soll in makellosem Zustand sein. Es wurde konstruiert, um jede von Ihnen gewünschte Bewegung auszuführen. Finden Sie sich nicht damit ab, dass daran manches nicht in Ordnung ist.

13. Gehen Sie gedanklich durch, wohin Sie fahren und wie Sie das Motorrad benutzen werden, um dorthin zu gelangen.

Danksagung

JACK CANFIELDS DANK

Zunächst möchte ich Bill Gladstone danken, der die Idee hatte, meine Erfahrung mit der Goldenen Motorrad-Gang aufzuschreiben und als Buch herauszubringen. Ohne seinen Zuspruch wäre mir das nie in den Sinn gekommen. Außerdem hat er viel Mühe darauf verwandt, unsere stundenlangen Gespräche und Interviews in lesbare Form zu bringen und einen zusammenhängenden Handlungsablauf herzustellen.

Sodann bin ich Barbara Marx Hubbard äußerst dankbar, dass sie mich in vielen Jahren immer wieder inspiriert hat. Ich erinnere mich noch gut daran, wie ich 1983 in einem Büro in Santa Monica, Kalifornien, saß, wo sie den leitenden Coaches von Insight Training Seminars erklärte, warum wir sie als Kandidatin für die Vizepräsidentschaft der Demokratischen Partei unterstützen sollten. Das war vor 29 Jahren!

Im Weiteren möchte ich jenen Menschen meinen Dank abstatten, die sich anfangs in hohem Maße dafür eingesetzt haben, aus dem Transformational Leadership Council eine funktionierende Vereinigung zu bilden – insbesondere Marcia Martin, geschäftsführende Vorsitzende, sowie Pete Bissonnette, Hail Dwoskin, Marci Shimoff, Raymond Aaron, Donna Steinhorn, Stewart Emery, Ivan Misner, allesamt Mitglieder des Vorstands, Robert MacPhee, zweiter geschäftsführender Vorsitzender, und Guy Stickney, Tyson Young, Sidney Cresci, James Redmond, Mike Foster, Shannon Mell, die einen Großteil der logistischen Aufgaben erledigten, um im Laufe der Jahre unsere halbjährlichen Tagungen zu organisieren.

Ich möchte Lynne Twist, Kollegin im TLC und Mitgründerin der Pachamama Alliance, danken, dass sie mir die Augen geöffnet und meine Aufmerksamkeit mehr auf ökologische und globale Themen gelenkt hat.

Darüber hinaus ist es mir ein Anliegen, Patty Aubery zu danken, der Leiterin der Canfield Training Group, die die Tagesgeschäfte meiner Firma überwacht und mir immer Rückendeckung gibt. Sie sorgt dafür, dass ich bodenständig bleibe und über eine Plattform verfüge, um meinen Visionen und Projekten nachzugehen. Dies wäre nicht möglich ohne meinen großartigen Mitarbeiterstab: Veronica Romero, Jesse Ianniello, Lisa Williams, Andrea Haefele, Sam Chillingworth, Teresa Collett, Alice Doughty, Heather Giddings, Katie Roth, Inga Canfield. Ebenso unverzichtbar ist unser blitzgescheiter und stets ausgeglichener Russ Kamalski, der das operative Geschäft beaufsichtigt.

Zugleich möchte ich meiner Frau Inga danken, meiner Inspirationsquelle, Muse und Mentorin. Sie lehrt mich, ein ebenso authentischer wie spontaner Mensch zu sein, während ich meinen höheren Lebenszweck zu erfüllen suche.

Dank auch an meine Kinder Oran, Kyle und Christopher, dass sie mir vor Augen führen, was es bedeutet, der inneren Stimme zu folgen und auf eigene Faust zu handeln, sowie meinen Stiefsöhnen Travis und Riley, dass sie mir beibringen, die Welt in all ihrer großen Vielfalt zu schätzen.

Schließlich danke ich jenen Personen beim Verlag Hay House, die unser Projekt verfochten und unterstützt haben – angefangen bei Reid Tracy über Jill Kramer bis zu Stacey Smith.

WILLIAM GLADSTONES DANK

Mein Dank geht zuallererst an meinen Koautor Jack Canfield. Er hat mir vor über zehn Jahren sein Erlebnis mit der Goldenen Motorrad-Gang mitgeteilt und war darüber hinaus ein wunderbarer Schreibpartner. Durch die Zusammenarbeit mit ihm habe ich viel gelernt über die Kunst, eine Geschichte zu erzählen.

Außerdem danke ich Gayle Newhouse, die seit sieben Jahren meine Quelle der Freude und der Inspiration ist. Das Leben mit Gayle beglückt mich ein ums andere Mal; dank ihrem Beistand konnte ich mich darauf konzentrieren, dieses Buch mit der nötigen inneren Klarheit und Ruhe zu schreiben. Sie hat auch die ersten Entwürfe des Manuskripts gelesen und ihren untrüglichen weiblichen Instinkt mit eingebracht, um die Inhalte ebenso ausgewogen zu gestalten wie die Charaktere.

Andere Menschen haben ebenfalls Zeit und Kraft investiert, das Manuskript durchzusehen – nämlich Stewart Emery, Jane Willhite, Andrew Cohen, Daniel Pinchbeck, Barnet Bain und Barbara Marx Hubbard. Barbara ist gleichsam der Kostar unseres Abenteuers; sie hat das Manuskript in all seinen Phasen gründlich studiert, häufig bestimmte Vorschläge gemacht und dadurch die Botschaften über Bewusste Evolution entscheidend verbessert.

Darüber hinaus möchte ich Reid Tracy danken, unserem Verleger bei Hay House, sowie seinen exzellenten Mitarbeiterinnen und Mitarbeitern Jill Kramer, Shannon Litrell, Gail Gonzales und Stacey Smith.

Als Inhaber der Literaturagentur Waterside Productions möchte ich auch Neil Gudovitz für seinen editorischen Beitrag sowie Kathleen Rushall und Taryn McCallan für ihren unermüdlichen Einsatz beim Abtippen der zahlreichen Manuskriptfassungen danken.

Ein Buch zu schreiben und es auf die bestmögliche Weise zu veröffentlichen ist eine Unternehmung, die Anstrengungen von viel mehr Menschen erfordert, als ich sie hier nennen kann. Ihnen allen spreche ich meinen Dank und meine Anerkennung aus.

Und natürlich gilt meine besondere Wertschätzung auch denjenigen unter Ihnen, die der Goldenen Motorrad-Gang angehören.

Das Hörbuch zum Weltbestseller »Die Hütte«

**WILLIAM
PAUL YOUNG
Die Hütte**
Ein Wochenende
mit Gott
6 CDs, 458 Min
€ 29,95 / sFr 42,90
ISBN 978-3-89903-
523-0

In einer Welt, in der Religion zunehmend bedeutungsloser zu werden scheint, ringt »Die Hütte« mit der zeitlosen Frage: »Wo ist Gott in einer Welt, die so voll ist mit unaussprechlichem Leid?« Die Antworten, die William Paul Young gibt, werden Sie in Erstaunen versetzen und vielleicht Ihr Leben verändern. Ein Buch, das in den USA und auch hierzulande alle Bestsellerrekorde geschlagen hat. Gelesen von Johannes Steck.

ThetaHealing™ – Die revolutionäre neue Heil- methode

VIANNA STIBAL
Theta Healing
Die Heilkraft der Schöpfung
416 Seiten
€ [D] 12,99 / € [A] 13,40
sFr 21,90
ISBN 978-3-548-74519-0

Die revolutionäre neue Heilmethode aus den USA beruht auf dem Theta-Zustand des Gehirns, einer im EEG nachweisbaren Gehirnwellenkurve, die im Zustand tiefer Entspannung und bei Hypnose auftritt. In Verbindung mit einem fokussierten Gebet – zu keinem religionsspezifischen Gott – und einer klaren Vorstellung der Heilungsabsicht entsteht dabei ein Heilprozess, der unmittelbar auf die Zellen wirkt und den von der DNA vorgegeben natürlichen Zustand des Körpers wieder herstellt.

Große Lebensweisheiten in kleinen Büchern

MICHAEL KORTH
Weniger ist mehr
Das Mantra der Bescheidenheit
€ [D] 7,99
€ [A] 8,30 / sFr 12,90
ISBN 978-3-548-74522-0

Wie wenig man zum glücklichen Leben wirklich braucht – geschildert in 14 ausführlichen Beispielen dafür, wie Bescheidenheit zu Unabhängigkeit führt – von Blaise Pascal über Mahatma Gandhi bis Zuckmayer und Epiktet.

Große
Lebensweisheiten
in kleinen
Büchern

MICHAEL KORTH
Auch das geht vorbei
Das Mantra der Gelassenheit
€ [D] 7,99
€ [A] 8,30 / sFr 12,90
ISBN 978-3-548-74523-7

Das Mantra der Gelassenheit beeinflusst seit
rund 2300 Jahren Menschen positiv. Es
fokussiert die Energie der Gedanken, die in
diesem Buch wirksam werden und verändert
jeden, der sie in sich aufnimmt – mit
durchschlagender Wirkung.